改革・改善のための戦略デザイン

物流
DX

業界標準の指南書

大川口 隼人
吉田 幹朗
秋川 健次郎 著

Digital Transformation

秀和システム

はじめに

　昨今、各市場にDXブームが到来していますが、それは物流においても同様です。新聞やニュース、専門誌などでも、物流DXの事例が紹介される機会が増えています。

　DXと称して紹介されるのは、業界のリーダー企業やスタートアップベンチャーがメインであり、その事例は、新たな市場を確立したり、既存の市場構造を革新するプラットフォーマーとして華々しく紹介されるのが通例です。しかしながら、DXに取り組みたい企業の99%は、フォロワー・ニッチャーに位置する企業ではないでしょうか。

　本書は、物流にたずさわる中堅・中小企業を支援してきた業務・ITコンサルタントが執筆しました。私たちは、「人財が少ない」「原資が少ない」「影響力が少ない」環境の中で、物流DXを力強く推進して、見事な経営効果を実らせてきた中堅・中小企業を数多く目の当たりにしてきました。

　こうした活動の中で、物流DXの実践は、大企業よりも中堅・中小企業の方が向いている側面があると感じています。なぜなら、大企業はステークホルダーが多く、プロジェクトを立ち上げるのにも推進するのにも大きなパワーが必要であり、立案した構想を実現して効果を獲得するまでに、たくさんの障壁が存在します。
　一方、中堅・中小企業は、経営者の決断・権限でビジネスを比較的早期に大きく変革することができるからです。

本書ではまず、ECの拡大やコロナ禍などによって、物流が企業戦略の重要なポジションに位置付けられてきた事実や、輸配送・物流センターにおける課題について述べ、次に物流DXの定義と進め方について詳述します。

　その後、クライアントと関わる中で見聞きした物流DX事例や、打ち手となる物流DXソリューションの紹介、デジタル基盤を構築する手順などをより具体的に紹介し、最後に物流DXの今後の拡大余地について考察していきます。

　全編を通して、これまでの活動で得られた経験に基づき、リアルな物流DXの姿を描くことを念頭に置いて執筆しました。
　多くのフォロワー・ニッチャー企業の経営層・現場改革推進者・企画部門・情報システム部門など、物流DXに直面する方々に手に取って頂き、明日からの取り組みの一助となることを願っています。

執筆者を代表して　　2023年9月　大川口 隼人

改革・改善のための戦略デザイン
物流ＤＸ

❶章　DX の本質

❶章　物流が企業戦略の生命線に

❷章　物流が抱えるマクロ課題とミクロ課題

③章　物流 DX の定義

④章　物流 DX の進め方

⑤章　データドリブン PDCA を埋め込む

６章　事例から考えるテーマ別物流 DX

７章　物流 DX ソリューションの導入ガイド

8章 デジタル基盤の構築

9章 物流DX の今後の広がり

DX の本質

デジタル技術の活用で、新たな市場を創る取り組みや、業務プロセスを変革する取り組み（＝DX）が進んでいます。これら成功事例の表面的な部分だけに惑わされることなく、その本質をよく見極め、自社独自のDXに取り組みましょう。

フォロワー・ニッチャーが取り組むプロセスイノベーションDX

近年、DXブームが到来し、ビジネス界で関連ニュースを見ない日はありません。DXの狙いには、「ビジネスイノベーション」と「プロセスイノベーション」の2種類があります。本書では、多くのフォロワー・ニッチャーが取り組むプロセスイノベーションにフォーカスして解説します。

◇DXブームの到来の背景

　2018年に経済産業省が『デジタルトランスフォーメーション(DX)を推進するためのガイドライン』を発表しました。それ以来、DXというワードが注目され始め、現在では、DX関連ニュースや記事を見ない日は無いほどビジネス界で広がりを見せ、ブームの様相を呈しています。

　世界に先駆けてこのDXを実現している企業の代表格は、言わずと知れたGAFAM*でしょう。Googleは検索エンジンを武器に、Facebookは実名登録を前提としたSNSを武器に、広告収入の激増に成功しました。Amazonはインターネット通販やAWS(Amazon Web Services)を確立し、物販・利用料収入を拡大しました。Appleはデザイン性・操作性の高いデジタル端末でPC・スマートフォン・タブレット市場を席捲しました。MicrosoftはPCのOSやクラウドサービス事業で、ビジネス界において無くてはならない存在となりました。

　このような米国巨大IT企業の躍進も、日本がDXに舵を切る背景の一つとなっています。

---

*GAFAM　Google、Apple、Facebook、Amazon、Microsoftの米国5大テック企業の頭文字を合わせたもの。デジタル技術をフル活用し、2000年代に急成長し世界中の生活スタイルを一変させるデジタルプラットフォームを構築した企業群。デジタルでの新しいビジネスを開拓したビジネスイノベーションの事例として、多く紹介されている。

◇ DXの種類と本書の対象

一口にDXと言っても、大きく2つに分類することができます。**ビジネスイノベーション**と**プロセスイノベーション**です。

---

①ビジネスイノベーション

・デジタル技術を活用して、新たな市場・顧客を創る。

・新たな需要を創出し、事業の売上・利益拡大に寄与する。

②プロセスイノベーション

・デジタル技術を活用して、自社・業界の業務プロセスを変革する。

・業務効率性を高めるBPR*を実現し、主に事業の運営コストを削減、利益の改善に寄与する。

先に紹介したGAFAMのDX事例は、すべてビジネスイノベーションにあたります。各社がそれぞれに構築した**プラットフォーム**により、全く新しい市場・顧客が開拓されました。ただし、このようなビジネスイノベーションを実現できるのは、数ある企業の中でもごくわずかなリーディングカンパニーです。フォロワー・ニッチャーのほとんどの企業が取り組むDXは、プロセスイノベーションと言ってよいでしょう。

物流DXを解説する本書では、多くの**フォロワー・ニッチャー**企業が直面する課題を解決するためのDX、すなわちプロセスイノベーションを狙いとしたDXの進め方や事例を述べていきます。

---

*BPR Business Process Reengineering の頭文字。ビジネスプロセスを再構築するという意味で使用される。BPRの概念は1990年代に、企業の業務が専門分化されすぎ、部分最適になっているという課題に対し、全体最適の観点から業務を再構築する必要があると主張したもの。ビジネスプロセスイノベーションの考え方の源流の一つ。

DX の 2 つの狙い

ビジネスイノベーション

デジタル技術を活用して、
新たな市場・顧客を創る

プロセスイノベーション

デジタル技術を活用して、
自社・業界の業務プロセス
を変革する

本書がテーマとするDX領域

業界構造

リーダー

チャレンジャー

フォロワー

ニッチャー

・ビジネスイノベーションに取り組む企業は、業界のリーダーや
　シェア上位のチャレンジャーが多い

・プロセスイノベーションは、多くの企業が取り組めるテーマ

本書は、DXを通じたプロセスイノベーションを対象とする

流行り言葉に要注意
——本質思考の重要性

DXというキーワードを目にする機会が増えています。ウクライナ侵攻やコロナ
ショックを受け、サプライチェーンの危機という言葉も日常的になってきました。
時代を賑わすキーワードではありますが、ワード自体に振り回されず、その本質や
文脈を見極めることが重要です。

◇ ERP全盛期とDXの類似性

　90年代の半ばにWindows95が発売され、インターネットブームが到
来しました。時を同じくして、ビジネスの現場でも、企業の基幹情報シス
テムの救世主として**ERP***がもてはやされるようになりました。

　バブル崩壊後のこの時代、競争力に陰りの見えてきた日本企業には、
ムダの多いビジネスプロセスをスリム化する業務再構築(**BPR**)が求めら
れ、その実現にはERPの導入が必要不可欠であるとの共通認識が一般化
していました。この際、本来は事業や業務の手続き・ルールを最適化す
ることが目的であるBPRが、パッケージ型基幹情報システム(ERP)導入に
すり替わってしまうケースが数多く見受けられました。

　物事の本質を見極め、業務再構築の目的を見失わなかった企業では、
ERP導入が成功しました。しかし多くの企業では、部分的なシステム置き
換えに留まり、投資効果も今一つわかりにくいものとなりました。昨今の
DXブームには、バブル崩壊後の時代との共通点が感じられます。この近
過去(過去10 〜 20年前)からの学びは、DXというワード自体に振り回さ
れることなく、自社の規模や立ち位置、事業の大きな方向性(事業戦略)
を踏まえた上で、何を目的とする活動が「自社のDX」なのかを正しく見定
める本質思考の重要性です。

＊**ERP**　ERPは、Enterprise Resource Planningの頭文字で、企業における基幹業務(販売、生産、物流、
　　会計など)のITシステムの統合パッケージソフトウェア。1990年代から日本での導入が始まり、欧米企
　　業の業務方式が既成のプログラムとしてビルトインされているため、この業務方式がベストプラクティス(最
　　も効率的な業務方式)として喧伝された。基幹業務システムの再構築での活用が大手企業の中で進められた
　　が、すべての業務をパッケージの業務方式に合わせることが難しく、部分的な導入が実施されたケースが多
　　くあった。

◇逆タイムマシン経営論に学ぶ思考の罠

　ビジネス活動における本質思考の重要性について、**逆タイムマシン経営論***は、同時代性の罠（流行りの情報や言説に流されて意思決定を誤る）の回避に向けた有効な示唆を与えてくれます。ごく普通の実務家は、とかく以下の**3つの思考の罠（3大トラップ）**に陥りがちで、本質を見誤る恐れがあります。DXを捉える上でも、細心の注意が必要です。

> **3つの思考の罠（3大トラップ）**
> ①飛び道具トラップ
> 　そのツールの導入が、あらゆる課題解決につながる秘密兵器のような錯覚に陥る思考の罠。
> ②激動期トラップ
> 　「バスに乗り遅れるな」的に、今やらなければ手遅れになるとの錯覚

***逆タイムマシン経営論**　『逆・タイムマシン経営論』（日経 BP 社、2020 年刊行）は、楠木建（くすのきけん）一橋ビジネススクール教授、杉浦泰（すぎうらゆたか）社史研究家による著書。インターネットの普及により、ビジネスに関する情報は増殖しているが、その中には、一事例をあたかも全体のように紹介したものや、宣伝的要素が含まれる情報が多く紛れ込んでいる。本書では、近過去に起こった新聞、雑誌、書籍の記録を丹念に検証することで、近過去に起こったブームが実際はどうなったのかを検証し、「思考の罠」として整理していく。

に陥る思考の罠。

③遠近歪曲トラップ

　欧米ではこの手法が常識。それならば、当社もこれに見習わねばとの錯覚に陥る思考の罠。

◆ 自社の文脈に合ったDX取り組みを

　「大企業の話だ」「当社の業界は特殊だ」と、単純化してDXを放置してしまうのは早計です。本書では、思考の罠に十分注意し、自社の戦略とDXの目的をしっかり見据えた上で、地に足の着いた貴社独自のDXを実践する方法を解説していきます。

逆タイムマシン経営論に学ぶ本質思考の重要性

思考の罠（3大トラップ）　　　　物流DXに当てはめてみると

飛び道具トラップ
→ このツールで全て解決！
→ AI・ロボット導入が物流現場の生産性向上の切り札！

激動期トラップ
→ 今やらなければ手遅れ！
→ 物流DXプラットフォーム構築が、業界での生き残りのカギ！

遠近歪曲トラップ
→ 隣の芝生は青く見える！
→ 欧米では物流ロボット活用で経営効率を大きく向上！

出典：逆タイムマシン経営論（楠木 健・杉浦 泰）日経BP社より引用・加工　筆者作成

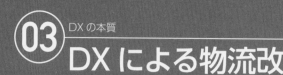

03　DXの本質

DXによる物流改革

DXは競争優位の実現に向け、経営・業務における変革をデジタル技術という手段を用いて行うものであり、その目的はあくまでも経営や業務の課題解決です。

◆DXの目的は経営・業務改革

　　DXは「競争優位を実現する経営・業務における変革(Transform)を、デジタルという手段を使って実現する」ものと定義するべきです。決してデジタル化自体が目的ではなく、あくまでも各社における経営・業務課題の解決が目的です。したがって、DXを実施する手順としては、まず初めに事業や業務のあるべき姿を描き、その姿を実現する手段として、デジタル技術を検討していくという流れになります(4章で詳述)。

　　最先端の技術を活用したソリューションを導入している例をすべてDXと呼ぶ風潮もありますが、それが経営・業務改革に紐づかなければDXとは呼べないのではないでしょうか。DXの意義や手順を見誤ると、ツールの比較検討のみに多くの時間を費やし、その結果、ツールは導入できたものの、「一人の担当者の作業時間を、月に数時間削減できた」といっただけの小さな改善プロジェクトとなってしまう可能性があります。

◆DXとITの違い

　　「DX」を「IT」というキーワードと比較することで、前記のDXの定義をより鮮明にしたいと思います。

　　読者の中には、「DXとITは何が違うのか?」といった疑問を持っている人もいるのではないでしょうか。実際に経済紙・物流専門誌などでは、同様のソリューションについて数年前は「IT」というキーワードを使って紹介しており、現在は「DX」という見出しをつけて紹介している例も散見されます。ITシステム業界が新しいキーワードを作って、売り込みをかけているのではと勘繰りたくなるかもしれません。

　　しかし、DXとITには、大きな違いがあります。それは発想起点の違いです。ITは、アナログで行っていた業務をITシステムによってデジタル化し、作成・伝達・保存・編集・複製などの効率アップにつなげるという流れを取ります。あくまでも、起点はツール・インフラそのものであり、そ

こから業務や事業への改善につながっていきます。

　一方DXは、**顧客価値**を頂点としてビジネスモデル・オペレーションを変革することが発想の起点となります。ビジネスモデルを変革するものがビジネスイノベーションであり、オペレーションを変革するものがプロセスイノベーションと言ってよいでしょう。まず「ビジネス・業務をどう変革するのか」の検討が先行しています。

　このように、DXとITの違いは、起点にあると言えます。結果としての手段のみにフォーカスすると、活動の本質(目的)を見誤る可能性があります。

　なおDXは、次の図で示す上から下の完全な一方通行かというと、必ずしもそうではありません。この世に存在しないツール・インフラを打ち手とすることはできないからです。世の中にはどのようなツール・インフラがあるかといった技術の状況も意識しながら、あくまでも大きな流れは、事業・業務を起点として、その課題解決の手段としてデジタル技術を活用するということです。

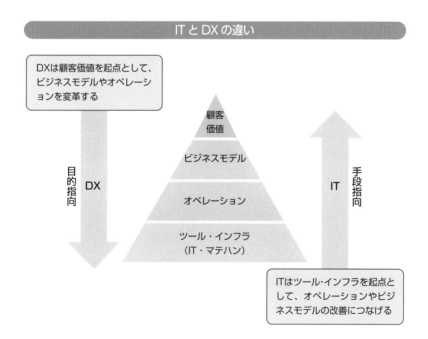

ITとDXの違い

DXは顧客価値を起点として、ビジネスモデルやオペレーションを変革する

顧客価値

ビジネスモデル

オペレーション

ツール・インフラ
(IT・マテハン)

目的指向　DX

手段指向　IT

ITはツール・インフラを起点として、オペレーションやビジネスモデルの改善につなげる

コラム # DXがDTでないのはなぜ？

　ビジネスシーンに続々と現れる 2 ～ 3 文字のアルファベットの頭文字を使ったコンセプト用語を覚えるのに、頭を悩ませる読者も少なくないのではないでしょうか。

　IT（Information Technology）、WMS（Warehouse Management System）、WES（Warehouse Execution System）、SCM（Supply Chain Management）などなど。新しい言葉が出てくるたびに、その略語を分解して意味を想像しつつ、新聞・ニュースで報道される内容や、ネットリサーチで得た情報と紐づけて記憶することでしょう。これらの言葉は、英語表記だと長くなってしまうために、頭文字をとることでコンパクトに表現できるようにしたものです。

　ところが、DX（Digital Transformation）は、これまでの通例に反し、なぜか「DT」ではないのです。これは、英語圏では接頭辞の「Trans」を「X」と書く慣習があるためともいわれています。また、「Trans」には「～を横断する」という意味があり、同義語の「Cross」を略す際に使われる「X」が略称として用いられるようになりました。

　ここに DX の本質の一端が隠されているかもしれません。これまでの略語は、英語を和訳すると、おおまかな意味は理解できました。たとえば、IT なら「情報技術」、SCM なら「供給連鎖の管理」のように。しかしながら、DX は「デジタルでの変革」とシンプルに和訳しても、その定義を言い切れていないように感じます。「既存ビジネスの横断」や「企業や業界の交差」といった意味が含まれているのかもしれません。

　また、私見ではありますが、数学の公式で使われる未知数「X」に因んで、DX の「X」にも、「個社の戦略を転換した未知の姿をデジタルで実現する」という意味も込められているように捉えています。読者の皆さんはどう考えますか。

1 物流が企業戦略の生命線に

これまで裏方であった「物流」にスポットライトが当たる場面が増えてきました。物流がビジネスの競争力や顧客体験の向上のカギとなると共に、環境負荷の低減に向けた対象として耳目を集める対象となっています。もはや物流を疎かにはできない時代になっています。

SCM と物流について

最近、新聞やテレビにおいても、「サプライチェーン」という言葉が普通に使われるようになりました。本節では、このサプライチェーンの管理・最適化を行うサプライチェーンマネジメント（SCM）と、その重要な構成要素である物流（モノの保管と輸配送）の関係性についておさらいします。

◆ SCMとは「需要と供給の管理」

近年、**サプライチェーンマネジメント（SCM）**が、あらためて注目を集めています。直訳すると「供給連鎖の管理」となりますが、わかりやすく言えば「顧客にモノやサービスをお届けすることの管理・最適化」となります。

日常ごく普通に行われている活動ですが、突き詰めて考えるとなかなか難しいテーマです。そもそも顧客からの注文は、予測できません。たとえば、注文が殺到すれば欠品となり、顧客にモノを届けられなくなります。また、納期遅延が発生すると、その注文ばかりでなく、顧客そのものを失うかもしれません。一方、欠品を恐れて大量に調達・生産をすると過剰在庫が発生します。結果、在庫が滞留し資金の流れが止まります。売価下落による利幅の圧縮や保管コストの増加を招きます。

SCMとは、「顧客に、必要なモノを、必要な時に、必要な場所に、必要な量だけ届ける緻密な供給の管理ができる仕組み作り・運用」と言えます。

◆ SCMの狙いは、売上／利益の最大化と在庫リスクの最小化

SCMの最終的な狙いは、サプライチェーンを担うプレイヤー（調達元・製造事業者・流通事業者）の売上／利益の最大化と在庫リスクの最小化です。この実現に向けて原材料が調達されてから商品（モノ）が消費者の手元に届くまで、一連の製造・流通プロセスを最適化・効率化する活動を行うことになります。この結果、以下のような点でメリットが生まれます。

> **SCMのメリット**
> ①適切な需要変動への対応
>   機会損失の防止・顧客満足度アップ
> ②在庫の最適化
>   在庫過多／過小のリスク防止・機会損失の防止
> ③納品リードタイムの短縮
>   顧客満足度の向上・機会損失の防止
> ④物流コストの削減
>   在庫管理コスト削減・輸配送コスト削減

✧ SCMが機能するカギは物流にある

　SCMを実質的に機能させるためには、供給元から需要家までのモノを運ぶ活動、すなわち**物流**が、欠かすことのできない構成要素となります。また、この物流は、供給元と需要家という地理的に離れた「点」と「点」をつなぐネットワークである輸配送と、「点」(供給元・需要家)における、モノの保管(在庫)という、2つの活動により構成されます。

　サプライチェーンの最適化・効率化、または、それ自体の見直しを図るといった場合においては、物理的なモノの移動・保管を行う「物流」にもメスを入れることになります。この取り組みの巧拙がSCMの狙いであり、売上／利益の最大化と在庫リスクの最小化に大きなインパクトを与えるため、物流への注目度も高まってきました。

サプライチェーンを物流が支える

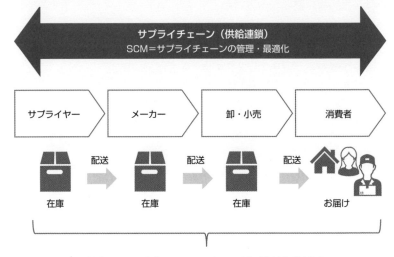

サプライチェーン（供給連鎖）
SCM＝サプライチェーンの管理・最適化

サプライヤー	メーカー	卸・小売	消費者

在庫　　配送　　在庫　　配送　　在庫　　配送　　お届け

概念としてのサプライチェーンをリアルな「物流」が支える

SCMの目的

SCMの目指すところは「売上・利益と在庫リスクの適正バランス」

在庫リスクの
最小化

売上・利益の
最大化

02

SCM が再認識されてきた

一時に比べると経営テーマとしての関心度が下がっていた SCM ですが、コロナ禍やウクライナ危機といった、グローバル規模での不確実性の増大により、その重要性が再認識されるようになってきました。

◇ 経営課題であるSCMが、システム導入にすり替わってしまった

SCMという概念を精力的に普及させていたのは、ERP 導入に大きなビジネスチャンスを得ていた IT 業界でした。ここでは、経営・業務改革の手法であったSCMが、いつしかERP システム導入にすげ替わっていきます。SCMの実践には、高度に自動化された需給計画・管理システム導入が必要であり、それがSCMであるとの、論理のすり替えが起こりました。

SCM 改革が ERP 導入にすり替わってしまった

すり替わり

SCM改革 ERP導入

近過去

経営課題　　　　　　　　　　IT課題

SCMが再注目される

グローバルな環境変化の発生

| 急激な需要変動 | 調達・生産の制約条件の変化 | 物流の制約条件の変化 |

現在

SCMとそれを支える物流が脚光を浴びるようになった

0章で紹介した逆タイムマシン経営論の考え方に例えると、「遠近歪曲トラップ・飛び道具トラップ」という思考の罠にかかる事態となり、SCMは情報システム部門の課題、システムが稼働すればSCM課題は解決されるといった認識が広がり、経営テーマとしてのSCMへの関心度が低下していきました。

◇ グローバルでの大きな環境変化でSCMが再浮上

　近年、ロシアのウクライナ侵攻・米中貿易戦争・洪水などの異常気象など、大きなグローバル課題が次々と発生し、全世界におけるモノの供給制約が意識されるようになりました。ここに決定的な事象として、コロナパンデミックとウクライナ戦争が発生します。このような大きな環境変化に直面し、SCMは大きな変化を余儀なくされます。需給計画・管理に関する活動のデザインや、利害関係者との調整といった事業活動のマネジメントが、SCMの本質であると再認識されるようになりました。SCMの良否が、企業業績に直結する経営テーマとして、再び脚光を浴びるようになります。

◇ SCMが再注目された要因

　SCMが再び注目されるようになった大きな要因は、**グローバル化**の進展に伴う不確実性の増大と、その対応に向けたSCM・物流基盤の見直しがあげられます。

● 急激な需要変動の発生

　コロナ禍やウクライナ危機など、過去の常識が通用しない環境変化が発生しました。これにより、在庫の極小化を図ることが善であった、これまでの前提が根本から覆りました。

● 調達・生産の制約条件の変化

　半導体や希少資源など、供給元が限られる資材・部品の調達が困難となり、供給先とのより緊密な連携が自社の製品・サービスを提供するための前提条件となりました。

● **物流の制約条件の変化**

　ICT*の進展で情報伝達のスピードが高まりましたが、モノを運ぶという物流のスピードは、そう大きくは変化していません。その一方で、ECの進展で個口物流の増大や配送ニーズの多様化が進み、物流力の強化が企業間競争に勝ち残る重要な経営テーマとなりました。

コラム # リモート会議で議論できていますか？

　コロナ禍を経て、仕事を進める上で変化したことの最たるものは、「リモート会議の普及」ではないでしょうか。コロナ以前にもリモート会議のツールはありましたし、外資系企業などでは、よくテレビ会議を実施して距離の壁を取り払う取り組みが試みられてはいました。しかし、日本でリモート会議がここまで急速に普及することを予想できた人はそう多くないでしょう。

　リモート会議は、非常に利便性の高いツールであることは、多くの人が実感していることと思います。出張が多い職種の人にとって、顧客とリモート会議でコミュニケーションできることは、コスパ・タイパの面で非常に有益です。

　一方、リモート会議で生産性が上がるはずなのに、かえって会議ばかりが増えて生産性が下がったなどという話も耳にします。ここではリモート会議のデメリットをあえて述べてみたいと思います。

　まず、臨場感の欠如です。会議室の制約がないため、何人でも出席できますが、その分、一人一人の参加者へのプレッシャーが下がります。拝聴しているだけの人が多い会議も非常に多くなっています。次に、表情・仕草などの非言語コミュニケーションが捨象されてしまうので、会議が一方通行になりがちです。意見のある人だけが話し、それに違和感を持つ人がいても、進行役の人に話を振られることもなく進んでいき、そのまま終わる、という会議もあるでしょう（勿論、発言しない側にも原因はありますが）。

　私が駆け出しのコンサルタントだったころ、上司に言われた言葉があります。「会議は、＜会＞して＜議＞する場である。議する準備のないものは、会議に出席させない」と。この言葉で、社内会議に向けて事前に準備をするようになりました。皆さんのリモート会議は、しっかりと「会」して「議」していますか？

---

*ICT　Information and Communication Technology の略。従来のIT に通信（コミュニケーション）を加えて情報通信技術と訳される。

物流がサプライチェーンの ボトルネックになることが 認識されてきた

SCMを検討する上での重要な考え方として、「制約条件の見極めと活用」があります。グローバル化が進んだ今日においては、供給元と需要家をつなぐ物流が、サプライチェーンの制約（ボトルネック）となるケースが急増し、その対応に迫られる状況となりました。

◆ サプライチェーンの性能は制約条件（ボトルネック）に同期する

供給元から需要家への、一連のモノの流れである**サプライチェーン**（供給連鎖）は、供給元・製造事業者・流通事業者等、サプライチェーンを構成する各プレイヤーが、あたかも一列棒状の隊列を組んで規則正しく行進するようなものです。

前や後ろの人にぶつからず隊列を崩さないためには、全員が最もスピードの遅い人に歩みを合わせる必要があります。このために、先頭と最も遅い人をロープでつなぎ、最も遅い人がロープの長さ以上離れないスピードで行進を進め、隊列を維持します。

この最も遅い人がサプライチェーンの制約条件（ボトルネック）＊といわれるものです。隊列行進のスピード（サプライチェーンの性能）は、ボトルネックに依存（同期）することになります。

＊**制約条件（ボトルネック）** 「ボトルネック」とは、ビジネスプロセス全体の中で、商品や情報の流れが一番遅い箇所を言う。『ザ・ゴール』の著者であるエリヤフ・ゴールドラット博士が提唱した制約理論『Theory of Constraints（TOC）』の日本語訳として普及した。ビジネスプロセス全体の生産性は、各工程の個別の生産性とは無関係で、最も遅い工程に制約されているため、その制約をどのように解消するかに着目し、改革を実行することを提唱しています。

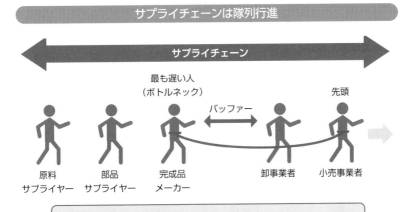

サプライチェーンは隊列行進

◇ サプライチェーンの性能アップを図るためには

隊列行進のスピードアップを図る場合は、最も遅い人に着目し、その人に早く歩けるように工夫してもらう必要があります。すると今度は、別の人が最も遅くなる（ボトルネックの移動）ので、またその人に早く歩けるように工夫してもらいます。

これを繰り返すことによって、隊列のスピードアップ（サプライチェーンの性能アップ）が可能となります。ポイントは、最も遅い人（ボトルネック）への着目とその改善となります。

◇ サプライチェーンのボトルネックとして物流が注目されるようになった

コロナ禍やロシアのウクライナ侵攻といった相次ぐ国際情勢の影響により、2021年から2022年度にかけて国際物流が混乱しました。海上コンテナ不足・空路の大幅組み換え等の影響を受け、輸送費がコロナ禍前と比較して数倍にも高騰し、グローバル企業のみならず数多くの企業がサプライチェーンの見直しを迫られる事態となりました。

物理的なモノの移動を伴うサプライチェーンの見直しにおいては、結果として「物流」を見直すことに直結します。環境変化に適応すべく、調達先や製

造拠点の変更等、あるべき姿のサプライチェーン(ToBeモデル)をデザインする場合、モノの保管場所や移動経路という物流の見直しが必須となります。

　これが実現できない場合は、ToBeモデルの実現は不可能であるため、物流はサプライチェーン検討における最重要テーマの一つとなります。また一企業が、物流のすべてを自己完結することは現実的には不可能であり、不特定多数が利用する物流インフラ(倉庫や輸配送ネットワーク)を使わざるを得ません。ここでは、自然災害や政治問題の影響でリソースの取り合い等も頻繁に発生するため、サプライチェーンのボトルネックとして認識されるようになりました。

サプライチェーンのボトルネックとして物流が注目される

サプライチェーン見直し理由は「物流」

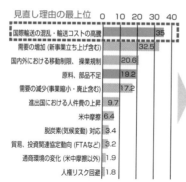

見直し理由の最上位

理由	値
国際輸送の混乱・輸送コストの高騰	35
需要の増加 (新事業立ち上げ含む)	32.5
国内外における移動制限、操業規制	20.6
原料、部品不足	19.2
需要の減少 (事業縮小・廃止含む)	17.2
進出国における人件費の上昇	9.7
米中摩擦	6.4
脱炭素 (気候変動) 対応	3.4
貿易、投資関連協定動向 (FTAなど)	3.2
通商環境の変化 (米中摩擦以外)	1.9
人権リスク回避	1.8

(n=1,080 販売、調達、生産の見直しを行うと回答した企業)
(注) 選択できる見直し理由は各社最大3つまで。

出典：2021年度「日本企業の海外事業展開に関するアンケート調査」(ジェトロ)

物流再編が解決アクションの主軸に

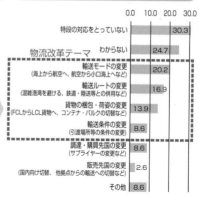

物流改革テーマ

テーマ	値
特段の対応をとっていない	30.3
わからない	24.7
輸送モードの変更 (海上から航空へ、航空から小口海上へなど)	20.2
輸送ルートの変更 (混雑港湾を避ける、鉄道・陸送等との併用など)	16.9
貨物の梱包・荷姿の変更 (FCLからLCL貨物へ、コンテナ・バルクの切替え)	13.9
輸送条件の変更 (引渡場所等の条件の変更)	8.6
調達・購買先国の変更 (サプライヤーの変更など)	8.6
販売先国の変更 (国内向け切替、他拠点からの輸送への切替など)	2.6
その他	8.6

n=267 (%、複数回答)

出典：2022年2月9日、在ASEANジェトロ事務所主催「RCEPセミナー」参加者向け緊急アンケート結果。回答企業267社中236社が在ASEAN現地法人

◇ 物流がSCM全体の制約となる＝物流が企業戦略の生命線になる

　物流は、商品に付加されているサービスという位置づけから、顧客価値を生み、競争優位をつくる重要な手段となってきました。次節以降では、物流の変遷、及び物流を事業戦略上の重要ファクターとして位置づけるアマゾンの取り組みから、戦略としての物流の在り方を考えていきます。

04 サプライチェーンの拡大・進化に伴う物流の変遷

経済活動の進展に伴い、サプライチェーンの規模と範囲が大きく拡大してきました。これによって、物理的なモノの移動・保管を担う物流にも、物量や処理速度・情報化への対応が求められ、オペレーションとそのマネジメントも大きな進化を遂げてきました。

◆ 産業革命以降＜輸送の機械化＞

蒸気機関や内燃機関の発達による工業の発展に伴い、工業製品が大量生産されるようなりました。この結果、製造に必要な原料や出来上がった製品の輸送量や輸送距離が増大し、これまでの輸送手段の主力であった人馬や帆船に頼ることが限界となりました。

この中で蒸気船や鉄道・自動車がモノ運搬の主力となり、高速かつ大量の輸送が可能となりました。なお、船・鉄道・自動車は、その動力が内燃機関や電気に変化したものの、輸送手段の主力として現代の物流を担い続けています。

◆ 第二次世界大戦以降＜荷役作業の機械化＞

製造現場では、さらなる大量生産の効率化に向けて、生産ラインへの産業用ロボットをはじめとする、作業の機械化が進みました。物流面においても、大量輸送の効率化に向けて、運搬単位（ユニットロード）の標準化が図られました。

この中でも海上コンテナとパレットの発明は、その荷扱いを行うクレーンやフォークリフト・トレーラーといった荷役を機械化する機材の発達にもつながり、物流の荷役作業に大きなインパクトを与えました。

◆ 1980年代以降＜ITシステムの活用＞

　1980年代以降、これまでベテラン作業者の経験と勘に頼っていた、物流管理と実作業の世界に**WMS***や**TMS***といったITシステムを活用する動きが活発化しました。これまでの、荷送人と荷受人の間でやり取りされていた手書き伝票が電子化され、双方での伝票処理業務が効率化すると共に、転記や確認ミス等が無くなり、業務精度も向上しました。

　現場作業においては、作業効率を上げると共に、非熟練作業者にも簡単で正確な作業を可能とするバーコードやハンディターミナルを活用した作業支援システムの導入が進みました。業務の電子化が進んだことで、現場の作業状況がリアルタイムで把握できるようになり、庫内作業の効率化が進むようになりました。

◆ 現在～今後＜AI・ロボティクスによる省人化＞

　少子高齢化の進行で物流現場を支える人々の高齢化と人手不足が進行しています。幹線輸送を担う大型トラックドライバーの平均年齢も50歳を超える状況であり、インターネット通販の急拡大で増加した庫内作業についても人手が足らない状況が続いています。

　この状況を大きく変える切り札の一つとして自動運転トラックや物流ロボットの導入・AIによる物流リソース（人や車両等）の最適配置・マッチングなど、デジタル技術を活用した効率化・最適化への取り組みが加速しています。実体経済の動脈である物流機能を維持・継続していく上で、このデジタル技術活用は、社会全体の重要テーマとなっています。

***WMS**　Warehouse Management System の略。庫内の物流管理を効率的に行うためのITシステム。在庫管理や受発注処理、入出庫管理、ピッキングなど、倉庫内のあらゆる業務をサポートする。庫内の業務状況をリアルタイムで把握することができ、在庫管理や入出荷作業の最適化など、効率的な倉庫管理に欠かせない機能を有する。

***TMS**　Transport Management System の略。輸配送管理を効率的に行うためのITシステム。配車計画の立案や運行管理、請求管理などを行う事ができる。

物流の時代変遷

	物流の潮流	成　果
産業革命～	・輸送の機械化	・動力船・鉄道・自動車による大量輸送の実現
戦後～	・荷役作業の機械化	・海上コンテナ・パレットの標準化に伴う荷役機械の発達と大量輸送の効率化
近代	・ITシステムの活用	・現場の管理不能状態からの脱却と業務精度の向上・生産性の向上
現在～	・AI・ロボティクスの活用	・更なる省人化の促進 ・実体経済を支える物流機能の維持継続 ※取組は道半ば

05 物流が企業戦略の生命線に

物流が強さの源泉──アマゾン

その名を知らない人はもはや皆無と思われる、幅広い品揃えとスピーディな配送で顧客ニーズを掴み急成長を遂げたアマゾンは、物流を事業戦略上の最重要テーマの一つと捉え、その革新を進める企業の代表格です。

◇ アマゾンの物流自前主義

アマゾンは1994年、書籍のEC販売からビジネスをスタートしています。設立当初は書籍販売でしたが、今やアマゾンに無ければこの世に存在しないとまで言われるほどの圧倒的な品揃えを誇る、世界最大のECサイトへと成長を遂げました。

このEC事業を支える物流に対し、同社は設立当初から一貫した自前主義を貫いています。巨大な物流センターの建設や、物流ロボット企業の買収などを通じ、独自の物流**プラットフォーム**作りを着々と進めています。物流を自社の**コアコンピタンス**と捉え、商品を仕入れて販売するのみならず、そのインフラ構築で他社との差別化を図り、事業拡大を続けています。

アマゾンの物流自前主義

最短納期を実現する物流センター群

全国27か所のフルフィルメントセンター

最先端テクノロジー

デジタル技術

マネジメント

物流ロボット

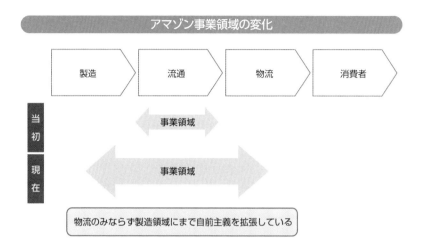

◇ フルフィルメントとラストワンマイル配送への取り組み

　自社の本業(EC)強化に向けて投資した、これらアセット(物流インフラやITインフラ)を外販事業化しているのも同社の大きな特徴といえます。作業の自動化や要員管理の適正化、生産性の目標達成に向けた要員マネジメント等により、究極の効率性を追求した物流センター業務(フルフィルメント*)をEC事業者向けで外販しています。**フルフィルメント・バイ・アマゾン(FBA)** と称するこのサービスは、急成長するネット通販ビジネスを支える救世主になっており、本国のアメリカでは屈指の事業規模を誇るに至っています。

　EC事業者(荷主)にとって、フルフィルメントと同じく重要な機能が、ラストワンマイル*配送です。物流コストの高いEC事業者のラストワンマイル配送において、いかにコストを抑え迅速・正確に商品をお届けできるか

***フルフィルメント**　フルフィルメントは、ECにおける受注〜発送までの全体プロセスの総称。「入荷、検品」「棚入れ、商品保管」「コール業務、受注処理」「ピッキング」「検品」「梱包」「発送」などを含む。EC事業者は、商品開発や顧客への遡及できるECサイト構築をコアビジネスとして、フルフィルメントをアウトソーシングする形態もある。その場合、専門業者(BPO業者)に委託することで、QCDの担保が図れるメリットがある。しかし、「コール業務、受注受付」などの、顧客コンタクトも外注化することで、顧客の声が把握しにくくなるというデメリットも存在する。

***ラストワンマイル**　ラストワンマイルとは、顧客にモノが到達する最後の配送業務を通じての「顧客との最終接点」を指す。B2Cビジネスにおいては、個人宅への配送を担う機能。現在においては、多くの集配拠点とドライバーを必要とするため、宅配大手企業に依存する場合が多い。EC需要が拡大する中、増え続ける作業量、ドライバー不足、再配達の対応等の課題が社会問題化している。

は、ビジネスそのものに大きなインパクトを与えます。これまでアマゾン
も他社と同じくラストワンマイル配送を、ヤマト運輸等の宅配便事業者に
頼ってきましたが、近年はこの機能の取り込みを進めています。アマゾン・
デリバリー・プロバイダーやアマゾン・フレックスといったラストワンマイ
ル配送への取り組みであり、宅配事業者ではない運送事業者や一人親方
ドライバー(個人事業主)を活用し、独自配送を行うものです。

　フルフィルメントのみならずラストワンマイル配送までもの自前化を進
め、そのサービス外販までをも進める同社は、もはやEC事業者の枠を大
きく超えた存在となっています。

◇アマゾンと物流事業者との関係性

　アマゾンは、現在並びに潜在的な競争相手の一つとして「フルフィルメ
ント及びロジスティクスサービスを提供する企業」を掲げています。これは
同社が、物流事業者を競争相手であると認めるものであり、今後さらに物
流事業者としてのビジネスを拡大してゆくことが伺えます。

　物流事業者にとって、荷主としてのアマゾンは大きな売上(物量)をもた
らしてくれる重要顧客である一方、自社ビジネスを脅かす脅威となる可能
性を秘めていることは否めません。ロボット掃除機メーカーのアイロボット
社を傘下に収める等、物流のみならず製造領域にまでも食指を伸ばす同
社の動向から目が離せません。

06 SCMトピック:調達物流の変化

少資源国日本にとってグローバル調達は必須事項です。事業継続・成長のためには、今後も発生し得る環境変化に対応可能なグローバルサプライチェーンとなるよう改革が必要です。

◇ 少資源国日本においてグローバル調達は必須事項

　資源の少ない日本は、他国から原料を輸入し、加工した製品を輸出することで、経済成長をしてきました。戦後から輸出大国であった日本は、2010年までは輸入よりも輸出が多い黒字続きでしたが、それ以降は一次的な資源価格の下落による黒字化があった2016 〜 2017年を除くと、赤字が続く輸入大国に一転しています。

　一般消費者が購入する自動車・家電・家具・衣料品・食料品・日用品などの消費財においても、工場などで使用する原材料・部品・加工設備・道具などの生産財においても、サプライチェーンの川上の多くは海外です。コロナ禍・ウクライナ危機・米中貿易戦争・異常気象・加速する円安などの大きな環境変化が、グローバル化した調達物流に与える影響は大きいものになっています。

　資源不足や半導体不足によるサプライヤーでの製造遅延は、運ぶモノ自体が無い状況を作りました。海上コンテナ不足は、モノがあったとしても、運ぶことができない状況を作りました。こうしてサプライチェーンが分断され、世界的調達難になりました。調達難により素材・部品が入手できず、後工程の生産・加工ができなくなったことで、製品・サービスの提供ができなくなり、「売上回収できない」「生産工場を稼働することができないので停止しているが、従業員への給料は支払い続ける」など、**キャッシュフロー**の悪化が発生しました。

　また、海上コンテナ不足は運賃高騰をも生み出し、留まらない円安も重なったことで調達コストが増大したことも、キャッシュフローの悪化を促進し、経営に悪影響を及ぼしました。世界的調達難の影響を受けた企業は、多く存在しています。次にその例を紹介します。

◆ 機械部品製造業における調達物流の変化

ある機械部品製造企業は、原料の多くが海外からの輸入品です。原料以外にも完成品・仕掛品の輸入も多くあります。グローバル環境変化が引き起こした調達難により、受注残があるにも関わらず、原料が無く生産できない状況が発生しました。一時的に調達量を上げることで受注残に対応しましたが、今後も起こり得る環境変化に対応するための対策が必要になりました。そこで、製品ごとの内外製の見直し、調達先の分散、在庫ポイントの見直しなど、サプライチェーン再構築を進めています。

◆ アパレル企業における調達物流の変化

日本のアパレル企業における輸入率は非常に高く、95%以上あります。2019年までは、低価格帯製品の台頭などにより、市場規模は縮小していても、輸入量は増加していました。しかしそれ以降は、コロナ禍により生産量・輸入量ともに減少しました。輸入量減少の要因は、需要の減少もありますが、海上コンテナ不足による調達難が大きいと考えられます。

原料の調達先企業においても、グローバル環境変化が引き起こした運賃高騰や止まらない円安により、調達コストが激増してしまい、利益を圧迫しました。また、少しでも調達コストを抑えるために調達量を上げると、同一製品でのケース入数違いが発生するなど、国内物流コスト増を引き起こす悪循環が発生しています。最小コストで製造する選び抜いた調達先であるため、調達先を変更することができず、利益圧迫を飲まざるを得ない状況になっています。

このように、日本企業においてグローバルな調達が必須事項です。今後も起こり得る調達難・運賃高騰のリスクを回避し、事業継続・成長するためには、**グローバルサプライチェーン**の見直しが必要になりました。

グローバル調達における問題発生とサプライチェーン

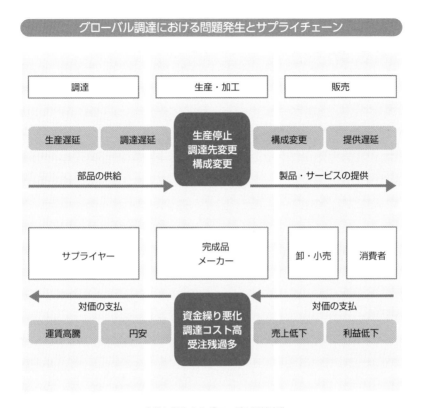

今後も発生するグローバル環境変化

事業継続・成長のためには

グローバルサプライチェーンの見直し

07 SCMトピック： サプライチェーン強靭化への 取り組み──自動車業界①

コロナ禍に伴って、深刻な車載用半導体不足に陥り、自動車サプライチェーンも大きな影響を受けました。完成車メーカーが協力し、生産計画や半導体仕様の評価プロセス見直しなどの業務改善の取り組みにより、供給網の安定を図ろうとしています。

◆ コロナ禍に伴う車載用半導体不足

　サプライチェーンの構造が複雑、かつ長大な業種の例として、自動車業界があげられます。自動車業界は、完成車メーカーを最下流として、それらに自動車部品を収めるサプライヤーをティア1と呼び、ティア1に収めるサプライヤーをティア2、さらにその上流側にティア3以降が存在しています。

　サプライチェーンがグローバルに広がる中、コロナ禍において部品不足に陥り、以前と比較して大幅な減産を余儀なくされました。数ある自動車部品の中でも、ボトルネックとなったのが車載用の半導体でした。

◆ 半導体不足の原因と業務上の問題点

　世界的な車載用半導体不足の発端となったのは、一部の完成車メーカーがコロナ禍により、自動車需要の縮小を見込み、保守的な生産計画を立案したことです。これに伴い、半導体部品の発注減少につながりました。その後、コロナウイルス拡大が一時的に落ち着いたこともあり、自動車需要が急激に回復し、さらに通信用・PC用半導体の需要も拡大したため、車載用半導体の供給が追い付かなくなりました。

　これを受けて国内完成車メーカーが経済産業省と立ち上げたワーキンググループでは、自動車業界を取り巻く業務上の問題点として、以下の2点をリストアップしました。

①完成車メーカー各社の生産計画のサイクル(周期)・スパン(期間)・メッシュ(粒度)が統一されておらず、サプライヤー側で見通しが不透明になっている。

②仕様変更時の評価プロセスが自動車メーカー毎に異なっており、半導体メーカー側に多大な負荷が掛かっている。

日系自動車メーカーの国内生産台数の対平年・同月比

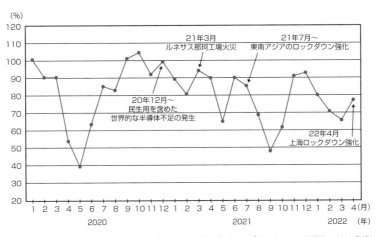

出典：経済産業省「自動車サプライチェーンの強靭化に向けた取組」

◇ 半導体の安定供給に向けた課題と対策

　上記2点の改善のため、完成車メーカーは以下の対策を打ち出し、実施しました。

①完成車メーカーからサプライヤーに対して、6か月先までの生産計画を、極力、品番別に、かつ定期的に提示する。

②上記とは別に参考情報として2年分の生産計画も提示する。

③確定注文期間や、サプライヤー側で在庫が積みあがってしまった場合の買取保障のあり方を見直す。

④仕様変更時の評価プロセスを完成車メーカー間で標準化する。

このような取り組みを実施し、さらなる課題もあるものの、逼迫する半導体不足に歯止めを掛ける効果が徐々に出てきているようです。

車載用半導体のサプライチェーンと取り組み内容

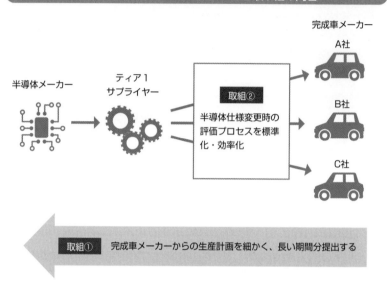

出典：経済産業省「自動車サプライチェーンの強靭化に向けた取組」を元に当社加工

08 SCM トピック：
サプライチェーン強靭化への
取り組み──自動車業界②

自動車サプライチェーンの混乱のきっかけは車載用半導体不足でした。しかしながら、それ以外の部品も含めた自動車サプライチェーン全体の強靭化が必要であり、平時からのサプライチェーンリスク評価やリスク発生時の対応について、検討を進めています。

◇ サプライチェーン寸断リスクは半導体に留まらない

　自動車業界は、前節で述べた半導体不足への対応を皮切りに、さまざまな部品のサプライチェーン改善の取り組みを強化しています。

　2021年〜2022年にかけて、自動車サプライチェーンに悪影響を及ぼす以下のような事象が次々に発生しました。

---

①北米の寒波による部品調達への影響発生（21年2月）

②東南アジアロックダウン強化による部品工場への影響発生（21年7〜10月）

③国内工場の感染拡大による完成車工場への影響発生（22年1〜3月）

④福島沖地震による完成車・サプライヤー工場への影響発生（22年3月）

⑤上海ロックダウン強化による部品調達への影響発生（22年4〜6月）

　これらの事象をふまえ、自動車サプライチェーンの寸断リスクは、半導体に留まらないため、完成車メーカーのワーキンググループは、部品全体の供給網を強靭なものにしていくための取り組みを検討しました。

◇ 自動車サプライチェーン強靭化に向けた取り組み

サプライチェーン強靭化に向けて、同ワーキンググループは大きく「サプライチェーンリスクの評価」「サプライチェーンリスクへの対応」として以下のような取り組みを打ち出しました。

---

①サプライチェーンリスクの評価

サプライチェーンの構造をITシステムを活用して分析し、サプライヤーの情報を管理できるようにしたり、品目ごとの代替品有無を把握する。また、完成車メーカー・サプライヤーが企業の枠を超えて、サプライチェーンの川上から川下にわたる情報を連携する。

②サプライチェーンリスクへの対応

代替調達先の事前評価(及び交渉)や、代替品の少ない部品に関する在庫の積み増しを行う。また、サプライヤーとの関係を強化し、コミュニケーションを密接にすることで、事業撤退等のリスクを早期に把握できるようにする。

このように、**ウィズコロナ時代**においては、調達部品や製品工場のある国家・都市のロックダウン、工場での集団感染などのリスクとは背中合わせです。また、度重なる自然災害による物流の寸断リスクも、ますます増加することも想定されます。

自動車に限らず、どのような業界においても、平時からのサプライチェーンの評価・点検、そして有事の際の調達先切り替えなどの検討が求められていると言えます。

自動車業界のサプライチェーン強靱化に向けた DX 取り組みの事例

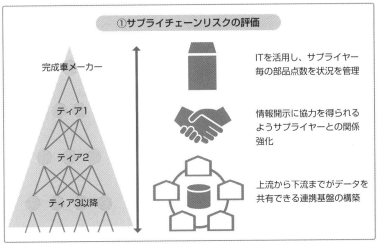

①サプライチェーンリスクの評価

完成車メーカー
ティア1
ティア2
ティア3以降

ITを活用し、サプライヤー毎の部品点数を状況を管理

情報開示に協力を得られるようサプライヤーとの関係強化

上流から下流までがデータを共有できる連携基盤の構築

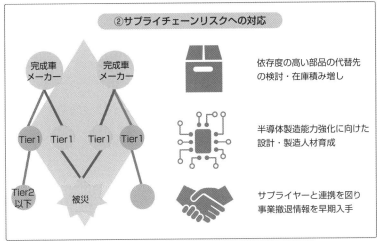

②サプライチェーンリスクへの対応

完成車メーカー　完成車メーカー

Tier1　Tier1　Tier1　Tier1

Tier2以下　被災

依存度の高い部品の代替先の検討・在庫積み増し

半導体製造能力強化に向けた設計・製造人材育成

サプライヤーと連携を図り事業撤退情報を早期入手

出典：経済産業省「自動車サプライチェーンの強靱化に向けた取組」を元に当社加工

コラム　やってみなはれ

　物流DXには、チャレンジする企業文化が必要不可欠ですが、多くの企業や人は、変化を恐れ、なかなかチャレンジングな取り組みに踏み出せないのが実状です。変化を恐れる理由は、それが賞賛される組織体制となっていないことが一因と考えられます。

　たとえば、以下のような企業体質・文化がハードルになっているということを耳にします。

---

①経営から、物流DXの検討指示を受けているが、提案すると頭ごなしに否定される
②物流DXが、物流部門もしくはシステム部門だけの課題に留められる
③新しい取り組みを提言しても、現場の反発が強く、前に進まない
④意思決定が、同調圧力によって行われてしまう

　一方で、新たな挑戦を続ける企業も存在します。スタートアップではなく、伝統企業にも、そのような文化を持つ企業は多くあります。皆さんは、「やってみなはれ精神」という言葉を聞いたことがありますでしょうか。サントリーホールディングスの創業者鳥井信治郎氏が残した言葉といわれています。苦境に陥っても、周囲から叩かれても、現状に甘んじることなく、異分野・新しいことへの挑戦を続ける。そのような企業のDNAとして受け継がれているそうです。

　仮にその取り組みが失敗したとしても、原因を発見できたなら、次の成功につながります。このように変化の激しいビジネス環境下においては、変わらずにいるということ自体が非常に困難です。新しいことにどんどん挑戦できる土壌を作り、「企業文化」にまで昇華させていきましょう。

2 物流が抱えるマクロ課題とミクロ課題

世間の耳目を集めるようになった「物流」ですが、2024年問題に代表される業界横断的な課題や、物流現場における人手不足等、対応を迫られる課題が山積しています。

物流の役割の変遷

1990年代、「物流」は「製造」や「販売」の脇役であり、目立つ機能ではありませんでしたが、昨今のインターネット通販の普及により、一躍脚光を浴びる存在となりました。

◇ インターネット通販の台頭により、脇役から主役へ

　2000年代までは、企業の花形は主に開発・製造・販売部門のいずれかであったでしょう。物流部門はそれらの部門を陰で支える縁の下の力持ちでありました。

　そんな「物流」が2010年代に入り、一躍、企業の競争力の源泉にもなりえる存在となった主な要因は、インターネット通販の拡大です。通信技術の発展、高性能なスマートフォンの登場など、テクノロジーの進化も追い風となり、インターネット通販は爆発的に拡大しました。

　2020年に人類を襲ったコロナ禍も、その変化に拍車をかけることとなりました。在宅ワークの増加や外出自粛の呼びかけなどもあり、リアル店舗活用から**インターネット通販**にシフトしたという人も少なくないでしょう。

　2012年に5.4兆円だった市場規模は、2021年には11.4兆円と倍増し、今では消費者の日常生活の一部として定着しました。

◇ 物流の姿の変容

　このような環境の変化に対応するべく、物流の姿も変わってきました。保管や荷役の観点では、2010年代前半には少なかった巨大な物流施設が多数設立され、その存在感を増しています。そういった物流施設の内部では、ロボットや自動化設備が稼働し、入出荷効率を高めるのに貢献しています。

　また、輸配送の観点では、大手通販企業が自前物流を構築したり、AI技術を活用したITシステムを活用し高精度で到着時間を予測できるようになったり、ウーバーイーツなど個人事業主のリソースを活用した食料品宅配を行える企業が出てきたり、といった具合です。

　このような変化に伴って、物流に関わる課題も顕在化しています。輸配送の領域においては、インターネット通販の増加に伴う個口数の増加や積

載率の低下、ドライバー不足への対応に加え、環境対策も求める声も高まっています。

　輸配送側での課題を受けて、物流センターについても、やはり人手不足への対応、物流サービスの高度化・高機能化への対応、出荷キャパシティの向上などといった課題が発生しています。

　次節から、これらの課題について解説していきます。

インターネット通販の売上推移

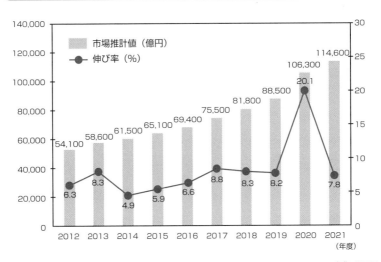

出典：JADMA

02 EC拡大による個口数増・積載率低下への対応
──輸配送の課題①

インターネット通販の拡大により、宅配個口数が大幅に増加する一方、積載率は減少しており、物流効率が低下しています。また、再配達や返品も増加しており、社会全体として対応が求められています。

◇ コロナ禍での巣籠り需要が拍車をかける

前節で、インターネット通販の拡大による物流の位置づけの変化について述べました。この結果として、「個口数の増加」につながっています。

B2Cの送り先である消費者の数は、B2Bの送り先数と比較すると格段に多く、その消費者の裾野が広がり、出荷頻度も高まった結果、個口数は飛躍的に増加しました。さらにコロナ禍の中、在宅ワークの進展や外出控えなどが拍車をかけ、個口数は2020年度に48億個と、2019年度から約12%増加しました。

その一方で、積載効率は、徐々にではありますが年々低下しており、現在では40%を割っています(積載効率=輸送トンキロ／能力トンキロ)。

この理由は、B2C配送における時間帯指定への対応など、消費者向けサービスレベル遵守のため、配送の頻度が増加していること等が想定されます。

◇ 販売物流に付随する「再配達」「返品」も増加

個人宅配となると、再配達の削減も課題の一つです。多くの消費者が経験したことがあると思いますが、不在票がポストに入っており、配送会社に連絡をして再度配達を依頼するものです。

ECサイトで購入した際、到着時間帯を自身で設定したにも関わらず、同時刻に外出予定が入ってしまい、受け取れなかったといった経験のある人もいるでしょう。再配達率は近年10%程度となっており、国土交通省は「総合物流施策大綱」で、再配達率の削減目標を2025年度7.5%程度に掲げています。宅配ボックスの設置や置き配などの対策も進んでいます

が、なかなか大幅な削減は実現できていません。

　個人宅配においては、返品も一定量あるのが実態です。不良品や誤った商品が入っていたという物流側の問題や、誤発注といった消費者に起因するものもあります。また、アパレル等、サイズ展開があり、実際に身に着けてみないとフィットするかどうかがわからないものもあります。このようにサイズがある商材を扱う場合、返品を無料にしているサイトも少なくありません。返品を前提に、欲しい商品のフィットする可能性があるサイズをすべて購入し、身に着けてみて合わなかった分を返品する、という購入方法を採用している消費者もいるでしょう。

　販売物流だけでなく、それに付随した再配達や返品といった物流も増えており、社会的に対応が求められています。

宅配便取扱個数の推移

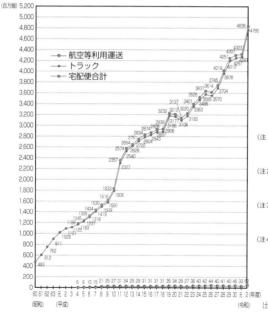

(注1) 平成19年度からゆうパック (日本郵便(株)) の実績が調査の対象となっている。

(注2) 日本郵便(株)については、航空等利用運送事業に係る宅配便も含めトラック運送として集計している。

(注3) 「ゆうパケット」は平成28年9月まではメール便として、10月からは宅配便として集計している。

(注4) 佐川急便(株)においては決算期の変更があったため、平成29年度は平成29年3月21日〜平成30年3月31日(376日分)で集計している。

出典：国土交通省 宅配便取扱実績

トラックの積載効率の推移

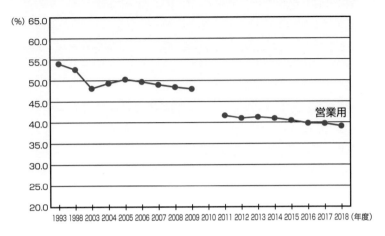

(備考)
1. 積載効率＝輸送トンキロ／能力トンキロ
2. 「自動車統計輸送年報」（国土交通省総合政策局情報政策本部）より作成
(注)
1. 2010年度から、「自動車統計輸送年報」における調査方法の変更があったことから、2009年度以前のデータと連続しない。
2. 2010年度データについては、上記（注）1に加え、2011年3月における北海道、東北及び茨城県の貨物輸送量等の調査が、
   東日本大震災の影響により一部不能となったことから、2009年度以前及び2011年度以降のデータと連続しない。
   なお、参考値として算出した積載効率は、37.6％となる。

出典：国土交通省　トラック積載効率の推移

ドライバー不足への対応
——輸配送の課題②

配送面でも、少子高齢化の波が押し寄せており、若手人材の不足が叫ばれています。また、長時間労働の制限が物流にも適用される 2024 年を前に、体制整備が求められています。

◇ 少子高齢化と若手人材不足

　インターネット通販の拡大により、個口数は大幅に増え、積載効率は低下しています。**物流クライシス**といわれる通り、それらの荷物を十分に配送できる潤沢なトラックドライバーがいるかというとそうではありません。

　トラックドライバーの有効求人倍率は、令和3年は2倍前後となっており、全職業の1倍前後と比較して約2倍となっています。つまり、トラックドライバーは、1人の求職者に対して、2件の求人がある状況です。

　また、ドライバーの不足人数を、2017年時点で10.3万人、2020年度に14.4万人、2025年は20.8万人と予測しているレポートもあります。

　その中でも特に不足しているのは、若手トラックドライバーです。少子高齢化に伴い、多くの業界で高齢化が進んでいますが、物流業も例外ではありません。トラックドライバーの平均年齢は大型で48歳、普通・小型でも46歳を超えており、全産業平均の43歳と比較しても高齢化が進んでいます。

◇ 2024年問題への対応

　さらに、ドライバー不足に拍車をかけると見込まれるのが**2024年問題**[*]です。

　改正労働基準法により、2024年4月以降、自動車運転業務における年間時間外労働時間の上限が960時間に制限されます。運送業界は、長

---

[*] **2024 年問題**　2024 年 4 月 1 日から、トラックドライバーの時間外労働の上限規制が開始されることによる諸問題の総称。トラックドライバーの長時間労働の改善を目指し、自動車運転業務の年間の時間外労働時間上限が 960 時間なることに伴い、ドライバー不足の発生、運賃の値上げ、長距離配送網の是正などがあげられる。

時間労働によって人手不足に対応してきている一面がありますが、この是正を余儀なくされることになります。

これらへの対策として、国土交通省は以下の対策をあげています。

①物流DXや物流標準化の推進によるサプライチェーン全体の徹底した最適化

　具体的な施策：手続き書面などのデジタル化、隊列走行・自動運転などの自動化、物流DX推進人材の育成など

②労働力不足対策と物流構造改革の推進（担い手にやさしい物流）

　具体的な施策：標準的な運賃の浸透、女性・高齢者・外国人など多様な人材が活躍できる環境整備、共同輸配送の拡大など

中小企業を含めた、物流DXへの取り組みは、急務と言えます。

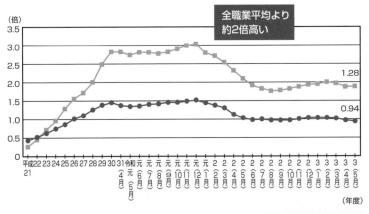

トラックドライバーの有効求人倍率

出典：厚生労働省ウェブサイト

トラックドライバーの平均年齢

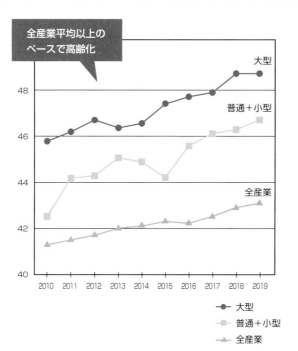

全産業平均以上の
ペースで高齢化

出典：国土交通省ウェブサイト

環境対策とコンプライアンス遵守──輸配送の課題③

日野自動車によるディーゼルエンジン燃費不正が発覚し、環境規制とコンプライアンス遵守は大きな課題となっています。この中で、中国製EV車が商用車として採用される例が増えており、今後、環境をキーに潮流に変化が起きる可能性があります。

◇ 環境への関心の高まり

　日本のみならず、地球規模での問題として、早期の対策が必要なものに「環境問題」があります。近年、ジャケットに**SDGs**(Sustainable Development Goals)のロゴピンバッチを付けているビジネスパーソンを見かける機会が増えました。

　また、**ESG投資**(環境・社会・ガバナンス要素を加味した投資)という言葉もあるように、環境に配慮している企業への投資が集まってきています。

　物流が環境に与えるインパクトとして最も大きいものは、輸送時の排気ガスです。日本のCO_2排出量の中で、運輸は18%を占めており、貨物自動車はその中の37%となります。CO_2排出量全体の中では、マジョリティーではありませんが、削減に取り組むべき対象であることは間違いありません。

◇ 環境規制とコンプライアンス

　2022年3月、トラック・バス最大手の日野自動車において、ディーゼルエンジンに関する燃費不正が発覚し、国土交通省から対象4機種について型式指定の取り消し処分を受けました。今後、1台ずつ陸運局で検査を受けることが必要となる、事実上の生産停止とも言える重い処分です。

　この背景には、環境対策として、排出ガスに関する規制が厳しくなる中、数値目標の達成や、スケジュール厳守に対する現場へのプレッシャーがあった、と発表されています。

◇ 中国EVメーカーの台頭

　ディーゼルエンジンをベースにした環境規制クリアに国内メーカーが苦慮する中、政府は2040年に総重量8トン以下のトラック販売をすべて電動車とする旨を発表しています。

　足元では商用車のEV化が進みつつあり、特にEVの弱点である航続距離や充電時間の面で親和性の高い「ラストワンマイル配送」用の小型商用車として導入されています。以下に例をあげます。

---

①日本郵便が三菱製EVバンを1,200台導入
②佐川急便が広西汽車集団(中国)製EVバンを7,200台導入
③SBSグループが東風汽車(中国)製EVを導入(中期的に10,000台の計画)
④ヤマト運輸が2030年までにEVを2万台導入する計画を発表

　中でも、安価に導入できる中国メーカーのEVの導入が増えてきていることは注目に値します。EVバス・トラックを保有し、EVバスを既に国内で販売している中国製メーカーであるBYDも、今後EVトラック市場に参入する可能性があります。

　商用トラック国内シェア4割を占める日野自動車の今後の動向も含め、輸配送トラック業界は今後、「環境対策とコンプライアンス」をキーワードに、大きな潮流の変化を迎える可能性があります。

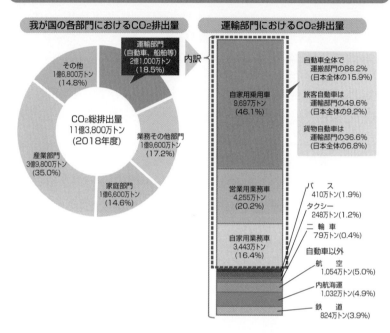

わが国の各部門における CO₂ 排出量

我が国の各部門におけるCO2排出量

CO2総排出量
11億3,800万トン
（2018年度）

運輸部門
（自動車、船舶等）
2億1,000万トン
（18.5%）

その他
1億6,800万トン
（14.8%）

産業部門
3億9,800万トン
（35.0%）

家庭部門
1億6,600万トン
（14.6%）

業務その他部門
1億9,600万トン
（17.2%）

内訳

運輸部門におけるCO2排出量

自家用乗用車
9,697万トン
（46.1%）

営業用業務車
4,255万トン
（20.2%）

自家用業務車
3,443万トン
（16.4%）

自動車全体で
運搬部門の86.2%
（日本全体の15.9%）

旅客自動車は
運輸部門の49.6%
（日本全体の9.2%）

貨物自動車は
運輸部門の36.6%
（日本全体の6.8%）

バ　ス
410万トン（1.9%）

タクシー
248万トン（1.2%）

二　輪　車
79万トン（0.4%）

自動車以外

航　空
1,054万トン（5.0%）

内航海運
1,032万トン（4.9%）

鉄　道
824万トン（3.9%）

・ 端数処理の関係上、合計の数値が一致しない場合がある。
・ 電気事業者の発電に伴う排出量、熱供給事業者の熱発生に伴う排出量は、それぞれの消費量に応じて最終需要部門に配分。
・ 温室効果ガスインベントリオフィス「日本の温室効果ガス排出量データ（1990～2018年度）確報値」より国交省環境政策課作成。
・ 二輪車は2015年度確報値までは「業務その他部門」に含まれていたが、2016年度確報値から独立項目として運輸門に算定。

出典：国土交通省レポート「物流を取り巻く動向について」

EC 物流の流れと EV 化の潮流

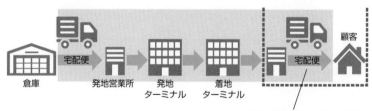

倉庫　　宅配便　　発地営業所　　発地ターミナル　　着地ターミナル　　宅配便　　顧客

ラストワンマイル配送用の商用車にEV導入が加速

05 物流センター内作業も人手不足——物流センターの課題①

物流センターも、ひと昔前ほど人材採用が簡単ではなくなってきました。物流センター密集地域においては、熾烈な人材争奪戦となっており、【省力化・省人化】の機運が高まっています。

◇ 熾烈な働き手の奪い合い

　前節までの輸配送領域における変化を受け、物流センター側でも課題が発生しています。

　まず、輸配送領域でも述べた人手不足の問題ですが、こちらは物流センターにも押し寄せてきています。少子高齢化や取扱物量の増加により、物流センターが人材を「雇ってあげる」状況から、人材に「働いてもらう」状況へと変わってきています。

　個人向けインターネット通販において、オーダー別のバラ品梱包は、未だにロボット化はできず、人手で行う必要があります。このようなオペレーションが増えていることも、人手不足に拍車をかけています。

　物流センターの求人において、条件のあまり良くないエリアでは、採用に一段と苦労しています。たとえば、今までは物流拠点として脚光を浴びていた港湾地域の物流センターは、住宅街から距離があり、交通手段も充実していないため、賃金を高く設定してもなかなか人が集まらない状況です。このような交通アクセス面を加味して、住宅街の近隣エリアに居を構える、いわば都市型の物流センターが少しずつ増えてきており、今後も、**ラストワンマイル**拠点など、小型センターを中心に増加する可能性があります。

　一方、ある程度交通アクセスが良く、物流センターが密集しているエリアにおいても、人材の取り合いが激化しています。そもそも物流センター求職者が潤沢でない中、限られたパイを、複数の物流センターで取り合う構図になっています。

◇ 人材採用・定着化のポイント

この状況下で、人材採用・定着率を高めるため、各社に工夫が求められます。「交通アクセス」「時給」「作業内容（力仕事の有無など）」「作業環境（温度・湿度など）」といった点は重要ですが、それ以外にもポイントがあるようです。

たとえば、作業現場や休憩室・トイレなどが広くて清潔感があり、デザインも洗練されている、といった現場は、人材の獲得や維持にも効果があると言えます。近年、大型物流センターが続々と設立されていますが、その中には、都心のオフィスのような綺麗な事務所、休憩室を提供し、居心地の良さを演出しているものもあります。

また、労働者が食事をとる食堂などの環境整備も重要です。この点に力を入れている企業には、食事代を全額、または一部補助しているといった例もあります。

◇「省力化・省人化」機運の高まり

人材の採用に苦戦する企業が増えていることもあり、それが、企業の投資目的にも影響を与えています。

物流センターにおける投資の目的は主に、企業の競争力につながるQCDの強化でしょう。品質（Q）は作業品質を高めることで誤出荷を減らす、コスト（C）は生産性を高めることでオペレーションコストを削減する、納期（D）は、出荷の効率を高めることで、リードタイムを短縮することです。

近年は、人手不足を解消する「省人化・省力化」に重きを置く企業が多いと感じます。これはコストという視点だけでなく、人材が採用できず事業継続リスクに対応するBCP*という視点も含まれています。

ただし、省力化・省人化だけにフォーカスしすぎると、投資対効果があまり見込めない可能性があります。日本の賃金が低いことや、3PL*においては荷主との契約期間が3〜5年と短いことなどがその要因です。このような自社の環境・物流特性に合わせた投資を行っていくことが重要です。

---

*BCP（Business Continuity Plan）　企業が緊急事態時の被害を最小限に抑え、事業が継続できるように対策や方法をまとめた計画のこと。大規模な自然災害やウイルスの流行、テロ攻撃や情報漏洩事故など、緊急事態が起きた際に、事業を継続・早期復旧させる必要がある。事業継続できなければ、企業は取引先や顧客からの信頼を失い、倒産などのリスクになる。

人材争奪戦イメージ

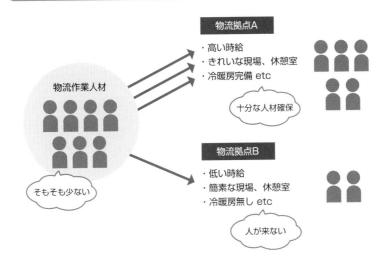

企業が投資に求める効果とその目的

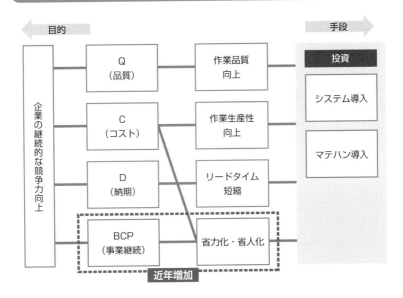

*3PL（3rd Party Logistics） 荷主の物流業務を荷主や運輸会社以外の第三者が包括的に受託するとともに、最も効率的な物流戦略の企画立案や物流システムの構築の提案を行い、実行すること。

物流機能・サービスの高度化
──物流センターの課題②

EC物流においては、多くの商品点数の在庫や資材を効率的に保管し、早期に出荷できるようにしたり、チラシ・ギフトラッピングや丁寧な荷扱いなど、細やかな対応が求められるようになっています。

◇インターネット通販拡大に伴って物流に求められる機能・サービスは高度化

　物流センター内作業の人手が不足している中、特にインターネット通販に対応している物流センターに求められる機能やサービスは近年、高度化してきており、それらへの対応も大きな課題となっています。たとえば、以下のような例があげられます。

●商品点数の膨大な在庫の効率的な保管

　多くの商品を取り扱うB2C通販の場合、売上を構成する商品点数が多いため（**ロングテール型**）、多くの商品を在庫しておく必要があります。そうなると、限られた物流センターの保管スペースの中で、効率的に多くの商品を保管し、さらに、出荷指示が入った際、それらを迅速に見つけられるようにしておくことが必要です。

●EC・店舗物流対応

　EC・店舗を併用している業態の場合は、それぞれのチャネルに対する保管・出荷対応を行います。同一のアイテムについて、EC用と店舗用で分けて管理する必要があり、EC用・店舗用と物理的にロケーションを分けて保管したり、物理的には同じロケーションに保管しておき、システム上でEC用・店舗用と分けるなどの管理が必要になります。

●チラシ・ギフトラッピング対応

　インターネット通販で購入する際、商品とは別に、クーポン券が入っていたり、チラシが入っていることがありますが、注文者の注文回数などに

応じて入れ分けている場合があります。また、プレゼント用の場合に行う、ギフトラッピング等のサービスについても、物流センター側で対応を行っています。

● 専用資材管理

　中小のEC事業者においては、商品だけでなく、外装箱も商品の一つです。一般的な段ボール箱ではなく、デザイン性の高い梱包箱を使用している場合も少なくありません。このような中小EC荷主を複数抱える**3PL事業者**の場合は、複数荷主の資材を共通化できないので、資材の種類も多くなり、また、資材毎に管理する必要があり、十分な保管スペースの確保も必要です。

● 丁寧な荷扱い

　直接消費者の手元に届く商品であるため、梱包についても細心の注意が必要です。梱包状態に起因して商品の状態が悪化し、クレームになった場合はブランドイメージの低下につながりかねません。また、専用資材を扱っているようなEC事業者の場合などは、特に梱包箱自体についても商品の一部なので、消費者に届くまで外装も含めた丁寧な荷扱いが求められます。

　上記は一例ですが、このような多くの要求に、物流センターではシステムや運用を活用して対応する必要があります。

物流に求められる機能・サービスの高度化

商品点数が膨大な
在庫の効率的な保管

チラシ・ギフト
ラッピング対応

専用資材管理

丁寧な荷扱い

出荷キャパシティの拡大
──物流センターの課題③

当日オーダー分の翌日納品といった短いリードタイムでの出荷が求められるようになり、物流センターにおける出荷キャパシティの拡大が必要となっています。

◇ 納品リードタイムの短縮と集荷時間の前倒し

　「物流サービスの高度化」への対応は、前節で述べた通りですが、納品リードタイムの維持、短縮も企業として関心事の一つです。

　納品リードタイムのスタンダードは、業種・業態によって異なりますが、B2B向け出荷やB2C向けECにおいて、在庫品であれば、当日の午前中に受注したオーダーについて、当日出荷するサービスレベルは当然のように行われています。また、午後の受注についても、極力遅い時間まで当日出荷できるよう、努力を続けている企業もあります。

　一方で、2-3節で述べたドライバー不足の問題もあり、運送会社からの集荷時刻の前倒しの波が押し寄せてきているとの声をよく聞きます。運送会社のターミナルからの距離等の制約によって集荷時刻の締め切りは当然変わってきますが、以前より1時間以上前倒しになった、という例も珍しくありません。

◇ 求められる「出荷キャパシティ拡大」

　環境条件が変化したとはいえ、企業としては、そのような状況下でも、納品リードタイムを維持、向上したいと考えます。当日出荷となるオーダーの締め時刻を変えず、集荷時刻の前倒しに対応するということは、すなわちピッキング～検品～梱包～送り状貼付といった一連の作業時間を短縮することに他なりません。

　つまり、時間当たりの処理物量を高める＝出荷キャパシティの拡大が課題となります。

　この出荷キャパシティ拡大に、企業はどのように対応しているのでしょうか。最も簡単な方法は、人手をかけることです。たとえば、午後15時ま

での受注に対して、当日出荷するオペレーションであれば、15時以前の残明細と、15時に入ってくる受注行数をある程度想定し、標準作業生産性をベースにして、必要な人員を確保しておきます。ただし、15時以降の作業だけを考えると、それまでの時間に人の余りが発生してしまうので、格納・補充・資材整理などの周辺業務と合わせて業務設計することが必要となります。

　ただし、先述した通り、そもそも人が採用しにくいという物流センターや、人手をかけることで人件費が上昇することを避けたい企業は、システム・マテハンを含めた、業務全体の見直しを行うこととなります。物量に波動*がある物流センターについては、システム・マテハンの処理能力を超える当日出荷指示が来る場合も想定し、オーバーした分については人手でのフォローも行えるようなハイブリッド型の業務設計で対応しています。

***波動**　物流業界における波動とは、時期や時勢、施策などによって上下する、物量の波のこと。たとえば「波動が大きい」というと、物量の変動が大きいことを指す。この変動に柔軟にリソース配分を調整し、高い業務効率を維持することが求められる。需要が想定より上回った場合には、納期遅延が発生し、想定より下回った場合には、確保したリソースのムダが発生する。波動への対応力が、物流企業の収益性に直結するといわれている。

求められる出荷キャパシティの拡大

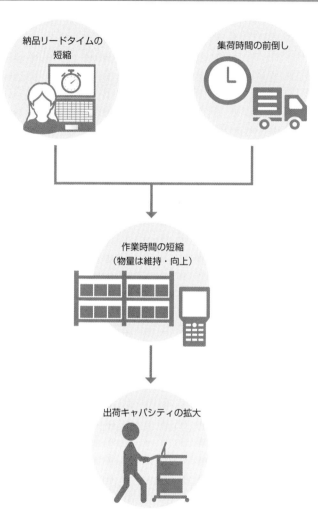

納品リードタイムの
短縮

集荷時間の前倒し

作業時間の短縮
（物量は維持・向上）

出荷キャパシティの拡大

企業成長に資する SCM・物流構築のための物流 DX

1、2章で述べてきたように、SCM・物流は企業のボトルネックとなる可能性があります。成長の足かせとならないよう、事業成長に合わせた SCM・物流の見直しが肝要であり、そのためには物流 DX の取り組みが欠かせません。

◆ SCM・物流は企業成長のボトルネックに

　1章では、コロナ禍に伴う原材料不足や、ロシア・ウクライナ戦争に伴う資源高騰などにより、これまで企業がリーン方式を目指してマネジメントしてきたサプライチェーンに混乱が起きていることを紹介しました。この事態を受け、企業はSCM・物流を強靭にしていくことが求められています。

　また、2章では、物流において、インターネット通販の拡大によって、輸配送・物流センターの双方で、物量増や人手不足への対応、高度化するニーズへの対応、環境対策などの課題が深刻となっていると紹介してきました。

　0章から本章までのメッセージとして、あらためて強調しておきたいのは、SCM・物流は、企業の成長におけるボトルネックとなる可能性があるということです。企業が成長する過程で、物量が増加したり、流通チャネル・商品ラインナップが変化すると、それまでのサプライチェーン・物流の方式では対応できなくなったり、非常に効率の悪い状態で運用しなければならなくなる場合があります。そのような事態を防ぎ、SCM・物流が企業成長の足かせとならない事業基盤を整えることが重要です。

◆ 事業拡大に合わせて、サプライチェーン・物流基盤を都度見直す

　事業成長を見越して、極端に過剰な供給能力を備えたサプライチェーン・物流網を構築すると、先行き不透明な経営環境の中で、計画を達成できなかったり、できたとしても、想定より長い期間が掛かり、発生したコストがサンク化（費用が回収できなくなること）することも考えられます。

　そのため、事業の拡大に合わせて、ボトルネックとなる可能性が発生する都度、3〜5年といった中長期の視点で、事業拡大を想定した物流基

盤の見直しをすることが望ましいでしょう。

　事業成長に合わせてボトルネックを克服し、さらに翌日納品できるサービスレベルを実現する物流網を構築し、物流を競争優位の源泉として拡大してきた企業の例でアマゾンを紹介しました。

　これまでに述べてきた、サプライチェーン・物流のボトルネックを解消していくためには、物流DXの取り組みが欠かせないと考えます。次章からは、物流DXとは何か、どのように進めていくべきかについて述べていきます。

サプライチェーン・物流がボトルネックとなる要素の例

供給網	物流ネットワーク
・コロナ禍による工場ロックダウン ・自然災害に伴う物流寸断	・過剰な在庫の維持コスト ・サービスレベルを維持できない拠点配置

業務・システム	物流リソース
・人の記憶に依存したロケーション管理の限界 ・非効率なピッキング方式　etc	・保管容量オーバー ・当日出荷が必要な物量に対応できない　etc

企業の業績拡大とサプライチェーン・物流の見直しポイントのイメージ

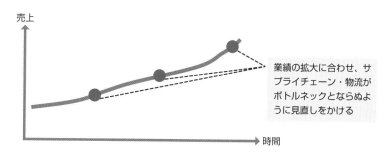

売上

業績の拡大に合わせ、サプライチェーン・物流がボトルネックとならぬように見直しをかける

時間

問題解決の手法

　問題解決の必要性は、ビジネスの現場で随所に求められるものですが、そう簡単に実行できるものではありません。

　駆け出しのコンサルタントとして働き始めた筆者も、当初は全く実践できず、先輩コンサルタントからの指導に悔しい思いをしたこともあります。以降、ある程度時間が経過し、少しずつその意味がわかるようになり、実践できるようになってきましたので、あらためてその手法について述べたいと思います。

　「問題」と「解決」に分解した上で定義をすると、「問題＝あるべき姿と現状のギャップ」「解決＝（ギャップ）を埋める」となります。つまり、問題解決をするためには、まず「現状」と「あるべき姿（＝目標）」を具体的に定義する必要があり、この2つが定義されていないと、「問題解決」はできません。

　卑近な例として、「頭痛」を例としてあげます。「頭痛」は「現状＝頭が痛む状態」「あるべき姿＝頭が痛くない健康な状態」と、「現状」と「あるべき姿」を定義でき、そのギャップをとらえることができるので「問題」となります。「問題」を定義した次に、「課題」を設定します。「課題」とは「あるべき姿を実現するため、解決すべき事柄」を指し、「頭痛」においては「頭痛の即時解消」が「課題」となります。この課題設定は、次の打ち手を決める要となるので、「問題解決」の成否を左右します。最後に「課題」を実現する「打ち手」を設定します。「頭痛の即時解消」における打ち手は、「頭痛薬を飲む」こととなります。

　正しく問題・課題の定義ができていないと、「打ち手もどき（＝適切な打ち手ではないアクション）」の実行に走ってしまうことがあり、以前の私もまさにその状態でした。ですが、そのことを「問題」と捉え、「解決」しようと日々精進しています。成果が出ないときには、「問題の定義」→「課題の設定」→「打ち手の設定」の各プロセスにおいて、違和感無く実行できているかを振り返ってみてはいかがでしょうか。

3 物流DXの定義

欧米由来のビジネスキーワードは、その解釈が各人各様であることが多々あります。読者の皆さんとの足並みを揃えるべく、本書における物流DXを本章で定義します。

DX の定義

経済産業省の DX 推進のためのガイドラインの発表を契機として、ビジネス界で大きく注目を集めることとなった DX ですが、目先の手段としてのデジタル活用に注目されがちです。経営・業務課題の解決という真の目的を外さずに取り組むことが重要です。

◇ DXの定義

　DXを説明していくにあたって、まずは昨今のブームに至るまでの背景や定義を確認したいと思います。DXは、スウェーデンにあるウメオ大学のストルターマン教授が、2004年に提唱したのが起源といわれており、当初の定義は次のものでした。

> 「ITの浸透が、人々の生活をあらゆる面でより良い方向に変化させる」

　この時点では、抽象的な表現であり、内容を明確にイメージするのは難しい状態でした。そこから十数年間、国内では現在ほど大きな注目を集めてきませんでした。転換点となったのは2018年といわれています。

　経済産業省が2018年9月にまとめた『DXレポート*―ITシステム「2025年の崖」の克服とDXの本格的な展開』の中で、多くの企業において、既存ITシステムがブラックボックス化しており、これが足かせとなってDXに取り組めない点について言及しました。さらに老朽化していくITシステムに起因するデータ損失・システムダウン等により、2025年以降、最大12兆円／年間の損失が発生するとの見解を発表しました。

　上記レポートを踏まえて、経済産業省は同年12月に、『デジタルトランスフォーメーション（DX）を推進するためのガイドライン』を取りまとめ、その中で、DXを以下のように定義しました。

---

*DX レポート　経済産業省が日本国内の企業の DX 推進を促すための報告書。企業の IT システムの活用によるイノベーションの進展を提示している。DX に関する公的な定義をまとめた。DX 推進企業は増えているものの、成果が出ている企業は少数派になっており、産業競争力の低下などの警鐘を掲げている。

> 「企業がビジネス環境の激しい変化に対応し、データとデジタル技術を活用して、顧客や社会のニーズを基に、製品やサービス、ビジネスモデルを変革するとともに、業務そのものや、組織、プロセス、企業文化・風土を変革し、競争上の優位性を確立すること」

　変革の対象や手段について記述され、DXがイメージしやすくなりました。これを機に、ビジネス界においてDXへの取り組みは必須との認識が広がり、現在のDXブームとも言える状況が到来しています。

◇ 手段としてのデジタル活用にとらわれすぎない

　上のDXの定義で肝心なのは、0章でも述べた通り、経営・業務課題の解決が目的であり、デジタルの活用はあくまでも手段であるという点です。

　DXに関する昨今のニュースや記事においては、最新のテクノロジーに着目しているものが多く、ともすれば、手段としてのデジタル活用にフォーカスしがちです。最新動向を押さえることは重要であり、そのテクノロジーが自社に適用可能かという視点は、経営として必要です。しかしながら、最新テクノロジーを導入して他社が成功しているから、自社でも成功するはずだと思い込むことは危険です。結果として自社の特性にマッチせず、経営効果につながらないといったリスクも生じる場合があり注意が必要です。

DX における目的・手段の関係図

02 物流 DX に取り組む上での心構え

国土交通省がまとめた物流 DX に関する記述に、新技術を活用した機械化・デジタル化の例があげられていますが、DX に必要なのは新しい技術ではなく、あくまでもデジタル技術を活用した経営・業務課題の解決です。これを見誤らないことが肝要です。

◇ 物流DXの定義

　　前節では特定業界に限らないDXの定義について説明しました。本節では、本書のテーマである物流DXとそれに取り組む上での心構えについて紹介します。

　　物流DXについて、国土交通省は以下のように述べています。

> 「サプライチェーン全体での機械化・デジタル化により、情報・コスト等を『見える化』、作業プロセスを単純化・定常化し、物流のこれまでのあり方を変革する」

　　機械化の例として、トラック隊列走行・自動化や**ラストワンマイル**の自動配送、物流センター内でピッキングロボットや無人フォークリフト等があげられています。

　　また、デジタル化の例として、荷物とトラック・倉庫のマッチングシステムやAIを活用したオペレーションの効率化等があげられています。

　　このように、機械化・デジタル化の象徴的な例として、**新しい技術**を活用したものがあげられています。

◇ フォロワー・ニッチャーでも物流DXに取り組める

　　サプライチェーン全体でという国土交通省の定義や、隊列走行や無人フォークリフト等の先端技術の例だけに注目すると、業界の**フォロワー・ニッチャー**企業にとっては、少々縁遠いように感じられてしまうかもしれません。リーディングカンパニーが結果を出した後に、その動きを見て、自社も物流DXに取り組もう、といった発想になる可能性もあります。

　しかしながら、繰り返しになりますが、DXは新しい技術が必要なのではなく、デジタル技術を活用して経営・業務課題を解決できることが重要です。その意味では、どのような企業でも即座に取り組めるものであると考えてよいでしょう。

◆ 自社にあった本質志向のDXを

　また、前記と逆の場合においても注意が必要です。このようにDX関連記事の露出が常態化すると、とにかく他社に先駆けて物流DXに取り組もうと意気込む企業も多いことでしょう。その姿勢自体は非常に前向きで素晴らしいものなのですが、そのようなときこそ、0章で『逆タイムマシン経営論』から引用した各種のトラップに掛かりかねません。「このツールを導入すればすべて解決する」「今やらないと手遅れになる」「欧米では成果が出ているので自社もすぐに導入しなければ」といった発想にとらわれることなく、自社の経営課題は何か、業務課題は何か、という点を直視していくことが重要です。

物流 DX への取り組み姿勢

企業の物流DXへの取組姿勢	陥りがちな状況	必要な心構え
積極的	**思考の罠にかかる** **飛び道具トラップ** ➡ このツールで全て解決！ **激動期トラップ** ➡ 今やらなければ手遅れ！ **遠近歪曲トラップ** ➡ 隣の芝生は青く見える！	どの企業にも存在する個別の経営・業務課題と向き合い、自社にあった物流DXに取り組む
消極的	**自社には関係ないものと捉える** リーダー企業がやってから考える 投資は回収できないと始めから検討しない	

オペレーション・事業インフラが事業競争力の違いを生む

同一業界に属する企業であっても各社の収益力（＝競争力）に違いが生じます。主たるビジネスモデルはほぼ同じはありますが、オペレーションとそれを支える事業インフラに大きな違いがあり、それが競争力の源泉になっています。

◆ ビジネスモデルだけでは企業の収益性の差異が説明できない

　画期的ビジネスモデルの事例として、**サブスクリプションモデル**が紹介されることがあります。定額式でサービスを使いたい放題にすることで顧客の囲い込みを図り、プラットフォーマーとして市場占有率を上げるモデルであるといわれています。

　しかしながら、この定額制の仕組みは近年開発されたビジネス手法でなく、昔から存在しています。NHK受信料や新聞の定期購読などがこれに当たります。

　とかく世間一般では、大きな成功事例があると、その企業が採用した特異な施策だけに注目が集まり、それがあたかも事業成功のカギであるかのような風潮になりますが注意が必要です。このような取り組みは、同業他社もそれに近しい施策をすぐに打ち出し、結果、多くの場合でビジネスモデル上の差異はなくなります。ところが、特定企業が何年も業界首位を守り、成長のパイをも総取りしてしまうことも多々あります。これをビジネスモデルの違いで説明するには無理があり、競争戦略を検討する上では、異なる要素に着目する必要があります。

◆ オペレーションと事業インフラの違いが競争力の源泉

　1章で、ビジネスモデルを下支えする物流への積極投資が、アマゾンの競争優位性を築いてきたことを述べました。

　「いつでも」「どこでも」「安価に」欲しいものをワンクリックで購入できるという顧客価値を起点に、それを実現するための事業インフラである物流を愚直に作り上げてきたことがアマゾンの強みにつながっています。

　物流のような事業インフラは、簡単に作り上げることができません。こ

の領域での大胆な施策は少なからず大きな投資を伴い、短期的な収益悪化につながる場合もあり、競合他社もなかなか踏み込めません。この結果、差はどんどん広がり、もはや追従困難といった状態となります。スポーツに例えると、地味な走り込みや筋力トレーニングが、最後の結果を分けるというものに近いかもしれません。

◇ DX取り組み領域の見極め

　DXの取り組みは、ビジネスモデルを支えるオペレーションと、その事業インフラを作り上げることに他なりません。しかしながら、自社のオペレーションや事業インフラのありとあらゆる領域で、DXを推進すればよいというわけではありません。

　本書でフォーカスしているプロセスイノベーションを狙いとしたDXであっても、その活動に要する労力と時間は少なくありません。したがって、取り組みの効果を最大化するためにも、自社の強みや、強みにつながると考える領域に着目・集中し、DXを推進することが重要となります。

　これを行うに際に有効な手段の一つとして、事業活動における戦略的テーマとそれを構成する活動の相関を俯瞰する**活動システムマップ***というツールを活用する方法があります。次節では、この活動システムマップを用いて、自社におけるDXの推進領域を見極める手法をご紹介します。

---

* **活動システムマップ**　成功している企業には他社には容易に真似できない活動の複雑な組み合わせがあるという仮定によって、その重要な要因を図式化するというもの。蜘蛛の巣のような図式で、その複雑性が競合企業にとって、模倣の難しさを示しているとされる。

簡単に真似できない事業インフラが事業競争力の源泉

顧客
価値

ビジネスモデル

見える領域
=表面的には模倣可能

オペレーション

事業インフラ
（立地/建屋・ITシステム・マテハン）

見えにくい領域
=模倣が難しい

事業競争力の
違いを生む

人材・組織

04 DX への取り組みポイントの見極め

オペレーションと事業インフラが競争力の源であることを前節で説明しました。本節では「活動システムマップ」というチャートを使い、事業活動のどの領域に DX が効果的であるか（＝ DX の利き所）を可視化してみます。

◇ 活動システムマップについて

　企業戦略論の大家として著名なマイケル・ポーター博士が、ビジネスモデルの裏にある仕組みを分析する手法として提唱したのが**活動システムマップ**です。

　企業の主要な価値提案と、それを実現する企業活動のつながりを連関図で表します。企業経営の中にあるさまざまな活動間のつながりが強ければ強いほど、さらに、その活動が互いに補完しあって**提供価値**を高めている場合、競合他社が真似することは非常に困難となります。初めからこれを意図して作り上げたか、あるいは試行錯誤の企業活動の中でこれが出来上がったのかは別として、結果としてこのような活動システムを実現している企業が、業界トップ企業やオンリーワン企業に多くみられます。

　毎年、優れた業績をあげ、ユニークな競争戦略を実現している企業を表彰する**ポーター賞**があります。この応募に当たっては、自社の活動システムマップの提出が求められており、受賞企業の実物をインターネット経由で入手することができます。

　これら企業の事業レポートを見ると、他社に見られないその会社独自の強みを、オペレーションとその事業インフラが支えていることが読み取れます。そこでは必ずといってよいほど、デジタル技術活用が進められており、自社のDX取り組みを進める上で、とても参考になります。

◆ 活動システムマップを用いて DX 取り組みポイントを見極める

次の図は、2018年度のポーター賞受賞企業であるトラスコ中山の活動システムマップです。

機械工具や消耗品等、間接資材卸の同社は、顧客注文に対する高い在庫ヒット率（90％を超える）による即納を強みとし、業績拡大を続けるユニークな企業です。

40万アイテムともいわれる非常に多くの品揃えは、出荷頻度が非常に低い商品も多数含まれます。売れない在庫は置かないと考えるのが一般的ですが、同社は「在庫はあると売れる」と考え、顧客の支持を受け事業成長につなげています。この膨大な品揃え（在庫）と即納という顧客価値を実現しているのが、非常に高度化された同社の物流システム（オペレーションと事業インフラ）です。

全国20か所を超える物流センターでは、オートストアや棚搬送ロボット等を用いた自動化、省人化が図られ、受注引き当てから商品出庫までのリードタイムを極限にまで短縮しています。納品配送も自社便を採用し、物流センターから片道一時間圏内の顧客に対しては、1日2便のサービスレベルを実現しています。

このような独自性の強い同社の活動システムマップに目を向けると、その強みを裏付ける活動を中心にデジタル活用が進められていることが観察できます。

DX取り組みに当たっては、まずは目指すところの活動システムマップを描き、その中で自社の価値提案を実現する中核的な活動を顕在化させ、そこに的を絞ったデジタル活用を検討することが賢明と言えそうです。

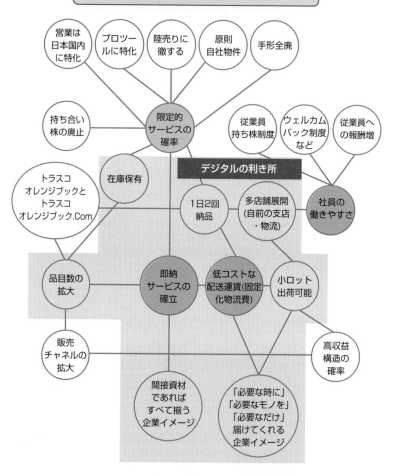

2018年 ポーター賞受賞企業
B2B 機械備品・消耗品などの間接資材卸業
トラスコ中山株式会社の活動システム

営業は日本国内に特化

プロツールに特化

陸売りに徹する

原則自社物件

手形全廃

持ち合い株の廃止

限定的サービスの確率

従業員持ち株制度

ウェルカムバック制度など

従業員への報酬増

デジタルの利き所

トラスコオレンジブックとトラスコオレンジブック.Com

在庫保有

1日2回納品

多店舗展開(自前の支店・物流)

社員の働きやすさ

品目数の拡大

即納サービスの確立

低コストな配送運賃(固定化物流費)

小ロット出荷可能

販売チャネルの拡大

間接資材であればすべて揃う企業イメージ

「必要な時に」「必要なモノを」「必要なだけ」届けてくれる企業イメージ

高収益構造の確率

出典：2018年 ポーター賞 受賞企業・事業レポートを元に当社加筆

本書における物流 DX の定義

強い物流は事業競争力の源泉です。この実現にあたっては、オペレーションプロセスの変革＝プロセスイノベーションが必須であり、それをデータとデジタル技術を用いて実現する取り組みが「物流 DX」であると考えます。

◇ 本書における物流DXの定義

0章から3章にて、**DX**、**プロセスイノベーション**、**物流**について、以下のように述べました。

> **①DX**
> 競争優位を実現する経営・業務における変革を、データとデジタル技術という手段を使って実現すること。
>
> **②プロセスイノベーション**
> デジタル技術を活用して、自社・業界の業務プロセスを変革すること。
> 業務効率を高めるBPRを実現し、主に事業の運営コストを削減、利益の改善に寄与すること。
>
> **③物流**
> サプライチェーンにおいて物流がボトルネックであり、この解消が顧客価値を生み事業の競争優位をつくることから、事業戦略の重要ファクターになっている。

本書における**物流DX**とは、これらDX、プロセスイノベーション、**物流**を包含したものと捉えており、それは次のようになると考えています。

> 事業の競争優位をつくる物流の在り方(物流戦略)をオペレーション起点で構想し、それをデータとデジタル技術を用いて実現すること

◇ 持続性のある物流DXが必要

　「10年後の事業目標の達成に向けた物流DXを進めよう」との目的で新たなオペレーションが稼働したとしましょう。しかしながら、このオペレーションはいつまで競争優位をつくることができるでしょうか？　未来永劫続くことはなく、社会環境・業界などの変化が新たな顧客要求を生み、オペレーションが生む顧客価値とのズレが生じることになります。結果として、当初の優位性が薄まり、さらなるオペレーション変革が必要となります。

　事業を持続的に成長させるには、顧客要求の変化をいち早く察知し、それにいち早く適応することで競争優位を保つ必要があります。物流DXの取り組みも、このような持続性をいかに実現するかという観点を持ちつつ活動をデザインする必要があります。

　次章より、物流DXの進め方について述べていきます。

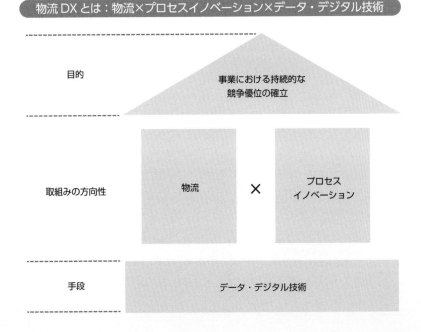

物流DXとは：物流×プロセスイノベーション×データ・デジタル技術

目的	事業における持続的な競争優位の確立
取組みの方向性	物流　×　プロセスイノベーション
手段	データ・デジタル技術

06 経営者の積極的な参画が推進力を生む

物流 DX 推進にあたっては、物流強化やデータ・デジタル利活用を事業戦略の重要アクションとして位置付けると共に、プロジェクト活動の重要なマイルストーンでは、経営者自らが率先参画するなど、経営側のコミットメントを明確にすることが活動の大きな推進力となります。

◇ 社内のコンフリクトを解消するのは経営者しかいない

これまで何度も述べてきた通り、物流は事業成長における重要なファクターであり、多くの経営者がこのことを理解していると思われます。しかしながら、これが企業全体における共通理解となっているかというと、決してそうではないのが現実です。

人事・経理・総務といったバックオフィス部門と、営業・製造・物流といった実働部隊とでは、それぞれの役割が違うため、物流に対する想いが異なります。近年、重要視されるようになった物流ですが、これまでは営業や製造が主役で、物流が軽視されていた経緯もあり、その重要性を理解していないメンバーも存在します。

事業成長に向けた物流 DX 推進にあたっては、多くの部門参画が必要です。物流に対する想いの違いや力関係など、プロジェクト推進における阻害要因は数多くあります。

このような状況下でプロジェクト活動を円滑に推進するためには、経営者の積極的な参画が必要となります。これによって、社内の阻害要因が解消され、全社一丸となり共通の目標に向かって進むことにドライブが掛かります。

◇ 経営者による情報発信が重要

事業計画における明示は、プロジェクトに最も大きな推進力を生みだします。事業計画は全社員にとって、日々の就業指針でもあり、これは社内だけでなく、株主を含めた社外に公開されることも多くあります。

事業計画において、戦略に沿った物流の在り方や、経営者のデジタル化に向けた課題認識、データ・デジタル技術の事業への活用目的を明示

することで、企業として物流DXに注力することを明確に発信することができます。

また、事業活動のスタートラインとなる事業計画にこれらが記されることで、物流DXの目的が一意となり、その活動にブレが生じなくなります。

◇経営者による積極的なコミットメントが必要不可欠

物流DXプロジェクトを進める中で、複数のオプションからどれを選定すべきかなど、判断ポイントはいくつも存在します。経営や事業戦略の観点で、どの進め方が筋がよいのかを判断するには、経営者の積極的な参画が必要です。これにより、経営者とプロジェクトメンバーの考えをすり合わせることができ、プロジェクトの円滑進行につながります。

経営者によるプロジェクトへの理解と明確なコミットメントは、プロジェクトの成功に大きく影響するため必要不可欠です。

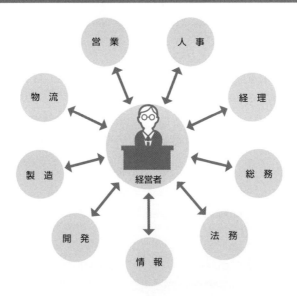

全社関わる活動を取りまとめられるのは唯一すべてと関わる経営者のみ

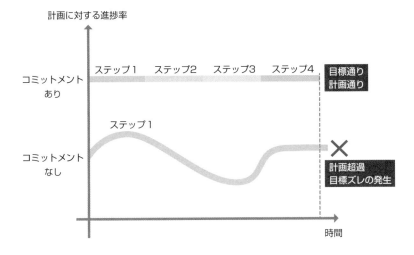

経営者コミットメントによるプロジェクト進行の違い

コラム

物流DXの契機

　本書では物流DXの取り組みについて述べていきますが、そのきっかけは企業によってさまざまです。トップが「DXに取り組むぞ」と号令をかける場合もあれば、物流部・SCM部門の責任者が、世の中のニュース・報道やセミナーで収集した情報を元に、企画を立ち上げることもあります。

　そのような中、昨今の相談で多いのが、設備の老朽化を起因としたプロジェクト立ち上げです。日々の業務を止めずに稼働する頑丈なマテハン設備も、20年以上も動き続けていると、故障や、予防保守に伴うメンテナンスコストが増えてくる場合があります。

　方向性としては大きく分けると、①「既存設備のメンテナンスを続けていく」、②「同じ設備にリプレイスする」、③「全く別の設備に入れ替える」といった選択肢がありますが、前提条件をどう置くかによって優位性が変わってきますし、それぞれの選択肢の中にも、細かい枝分かれがいくつも含まれており、簡単に意思決定できるものではありません。

　このようなタイミングで、設備のみに着目するのではなく、将来を見据えて、物流拠点の配置や、どのような物流サービスを備えるべきか、といった事柄を検討するのにも良い機会であり、物流改革や物流DXの取り組みにつながる流れです。

　もし数十年の間、稼働を続けている設備があったら、これを機に、将来に向けて、あるべき物流の構想を描く活動に取り組んでみてはいかがでしょうか。

4 物流 DX の進め方

物流DXは広義における経営改革活動（チェンジマネジメント）の一形態です。決して特殊な取り組みではありませんので、臆することなく一つ一つ手順を踏んで進めていくことが肝要です。

01 物流DXの活動ステップ

事業の持続的な競争優位を確立する物流DXの進め方は、大きくは①構想策定、②詳細検討、③打ち手構築・導入、④新オペレーション稼働という4つのステップで構成されます。ここではその4つのステップの概要について述べます。

◇ 構想策定

物流DXは事業の持続的な**競争優位**をつくること(=戦略の実現)を目的とするため、すぐに着手できるものは多くありません。そもそも、いきなり行動に移そうとしても、何をやったらよいのかがわからないということになります。

最初に行うべきことは、何を目的に、どんなことをやるのか、どんな手段(打ち手)で実現するかなど、物流DXの青写真を描く(構想する)こととなります。これにより、物流DXの骨組みが固まり、対象範囲や取り組みの妥当性を判断することができます。

このステップの成果物として「物流DX構想書」を取りまとめます。これには、目的・目標並びにその実現に向けた打ち手の考え方や必要な予算・スケジュールを記載します。この構想書は、以降に続く「詳細検討」「打ち手構築・導入」「新オペレーション稼働」において、その活動が当初の目的に合致した活動になっているかを確認するバイブルともなります。

◇ 詳細検討

構想策定で物流DXの全体像が明らかになり、実現可能性が確認できると次は詳細なオペレーションの設計に移ります。

構想段階で企画したオペレーションは、全体感がわかるレベルの粒度ですが、この段階ではそれを具体化し、より解像度を上げることになります。この結果、適用する打ち手への要件が定まります。これに基づき具体的な打ち手の選定を行います。この打ち手は、自社で賄えるものと、ベンダーの協力を仰ぐものとに大別されます。後者の場合は、**提案依頼書(RFP)**を複数ベンダーへ提示し、提案内容を比較し協業パートナーを選定します。

◇ 打ち手の構築・導入

打ち手ごとに、その詳細検討～導入を進めます。ソフトウェアやハードウェアの場合は、要件定義～設計・製造と導入を行うことになります。

また、打ち手の構築と並行して導入に向けた準備を行います。必要な機材・人員などの手配、ハードウェアやソフトウェアの受入テスト準備などがこれにあたります。

◇ 新オペレーション稼働

物流現場への各々の打ち手の導入が完了し、新オペレーションが稼働します。綿密な計画をもって進めた場合でも、稼働してみると想定外の課題が発生することが多々あります。このような課題を一つ一つクリアし、オペレーションを安定化させていきます。

このステップまで進むと一段落ですが、これまでに長い時間が経過しており、事業計画は次の段階に向けてアップデートされているはずです。この場合は、次なる目標に向けて新たな構想を策定することになります。改革活動に終わりはありません。

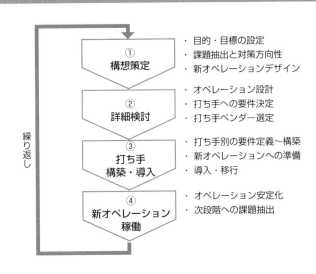

物流 DX の活動ステップ

構想策定の概要

構想策定では、事業の目指す目的・目標と現状を比較検証することで課題を洗い出し、その課題を解決するオペレーションを設計します。また同時に、それを実現する具体的な打ち手案も検討し、投資対効果や取り組みロードマップも策定していきます。

◆ 目的・目標設定

経営トップへのインタビューや事業計画書などをもとに、「何のために物流DXに取り組み、何を実現するのか?」「それをどの範囲で実行するのか?」といった、取り組みの目的・目標と基本条件(制約)を取り決めます。この際、3章で述べた活動システムマップの活用が有効です。目指す事業に必要な仕組みのなかで、物流が担うべき役割と範囲が明らかとなります。

また、目標(値)は、物流DXで目指す目的によって異なりますが、品質・コスト／生産性・納期(QCD)に関するものをはじめ、昨今は、持続可能な企業経営を行う上で重要な社会や環境に配慮した目標設定を行うことが一般的となりました。

◆ 目標実現に向けた課題の整理

目指す目標と現状とのギャップが課題です。したがって、現状がどのような実態にあるかを、オペレーション視察やメンバーへのインタビューなどの**定性調査**と、蓄積された物流データの分析や作業の稼働分析などの**定量調査**により可視化します。この結果と設定した目標を比較することにより、その達成に向けて必要なアクション(=課題)が明らかになります。

また、目標達成に向けては、ある程度の期間を要する場合があります。この際は、社会環境や業界の変化も十分想定することが、筋の良い課題設定につながります。

◆ 課題解決オペレーションの検討

抽出した課題を解決するには、どのような対策が有効であるかを、オペレーションの観点で検討します。課題は多岐にわたるため、これらの関係性を整理・体系化し、解決の方向性を取り決めていきます。

個々の課題に対しピンポイントで対策を考えると、ともすれば**個別最適**に陥る可能性があります。あくまでも課題全体を見据えた上で、オペレーション設計を行うことが**全体最適**につながります。

◇ 打ち手案の検討

新たなオペレーションの実現に向けて、個々の課題を解決する打ち手案の検討*を行います。この打ち手は、自社で実施できるものと、外部から調達するものとに分かれます。

外部調達するものには、WMS・TMSといったITシステムや、自動倉庫・AGVなどのマテハン設備が考えられます。この際には必ず何を実現するための打ち手であるかを定義しておくことが重要です。

◇ 投資対効果の試算

課題解決による効果と打ち手構築に必要な投資費用から、投資対効果を試算します。これによって、打ち手の是非につき定量的な評価が可能となります。

◇ 取り組みロードマップ策定

次ステップ以降の「詳細検討」「打ち手構築・導入」「新オペレーション稼働」をスケジュールに落とし込みます。また、稼働に向けた準備や移行手順もこれに組み込んでいきます。

以上が構想策定ステップの概要であり、これらを取りまとめたものが物流DX構想書となります。

---

*__打ち手案の検討__ 物流 DX 構想策定における改革後の業務方式を検討した結果を整理したもの。現状の課題と今後の事業計画の達成のために必要な施策を、日常業務レベルまでブレイクダウンする。

物流 DX 構想書のコンテンツ例

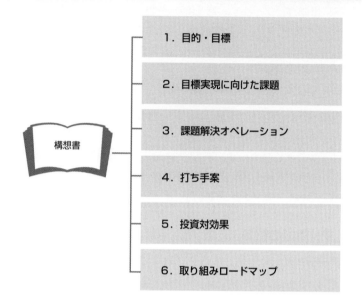

構想書

1. 目的・目標

2. 目標実現に向けた課題

3. 課題解決オペレーション

4. 打ち手案

5. 投資対効果

6. 取り組みロードマップ

03 構想により骨組みを作る

構想策定は、プロジェクトの骨組みを作る重要な役割を持っており、この成果物である構想書はプロジェクト全体のバイブルとなります。骨組みがしっかりできていれば、プロジェクトの成功に近づきます。

◇ しっかりとした骨組みを作る

構想策定では、何を目的に、どんなことをやるべきなのか、どんな手段(打ち手)でそれを実現するのか等、物流DXの青写真を描きます。これは、プロジェクトの骨組みを作ることでもあります。

建造物で例えると、その骨組みがしっかりしていれば、その後の屋根・壁・床・内装工事を経て、建物は計画通りに竣工します。一方、骨組みに不備があると、その後の工事でトラブルが発生し、計画通りの竣工ができません。

プロジェクト活動も同様に、骨組みとなる構想策定がしっかりしていれば、その詳細を取り決める後工程でトラブルを招かず円滑にことを進めることができます。

このように、構想策定はプロジェクト全体に影響を及ぼし、その成果物となる構想書はプロジェクトのバイブルとなります。

◇ 具体性をもった構想が重要

構想策定にあたり、具体的な表現での定義が留意点となります。

以下のような目的・目標を掲げたプロジェクトがあると仮定してみましょう。

目的：EC事業の拡大

目標①：1日あたりの出荷能力を以下のように向上させる

　　　　現状：3,000件／日　→　○○年：10,000件／日

目標②：ピッキング作業工数の削減

　　　　現状：300人時／日　→　150人時／日

この目標実現に向けた課題を考えてみましょう。以下のA、B、2つの課題の書き方をしてみました。

課題A：ピッキング作業を効率化する。
課題B：ピッキング作業時間の60%を占める歩行について削減策を講じる。

　Aでは対象としているピッキング作業の何に注力してよいのかわかりません。これに対して、Bでは、具体的な対象とその大きさがわかります。Aのような抽象度の高い表現では、メンバー間での認識齟齬が発生します。また、的を射ていない打ち手を立案し、期待効果がブレてしまうリスクもあります。具体的な表現が関係者の認識を一意とし、円滑なプロジェクト進行につながると共に、精度の高い効果試算を可能とします。
　以上、課題抽出を例に、具体的な表現の重要性を述べました。これはプロジェクト活動のすべてのステップにおいて共通する留意点となります。

プロジェクト成功のためには骨組みが重要

○　　　　　×

骨組みの不備はトラブルを生み、完了しない

近すぎず遠すぎない目標設定

現状と大差ない低い目標設定をすると、課題解決の効果が見えにくく、逆に高すぎる目標設定は、その達成に向けたモチベーションを下げる要因にもなります。可能な限り高くありつつも、実現可能な目標設定が重要です。

◇ 実現可能性がある高い目標設定

仮に、「4 年後に開催されるオリンピックに出場する」という目標を設定したとします。トップアスリートであれば、現状から目標達成までのギャップを把握し、そのために何をすべきかを考えられるでしょう。これが一般人の場合はどうでしょう？　目標が高すぎて、その達成に向けて行動することを止めてしまうのではないでしょうか？

高い目標設定は成長の原動力となります。しかしながら、実現不可能な目標は目標とは言えません。**実現可能性**がありつつ、達成が容易すぎない**目標設定**が重要です。

◇ SMARTの法則

適切な目標設定のための手法として、1981 年にジョージ・T・ドラン博士が提唱した**SMARTの法則**があります。以下の5つの項目の頭文字をとったものであり、目標を明確化し、成功の確率が高まるといわれています。この活用により適切な目標設定が可能となります。

①Specific：具体的である
②Measurable：計測が可能である
③Achievable：達成可能な水準である
④Relevant：上位目標につながる下位目標になっている
⑤Time-bound：明確な期限を定めている

◇ 物流DXの目標設定

物流DXにおける目標設定も、実現可能な高い目標にする必要があります。このインプットになるものの一つとして、中長期事業計画があげられ

ます。事業計画を実現に向けて必要な物流要件を洗い出し、物流DXにおける目標値を設定します。

　長期目標の場合、現時点ではその達成が非常に困難に思えるものもあるでしょう。そのような場合には、長期目標までの間に中間目標を設けることがよいでしょう。これによって、長期目標の達成に向けての進捗を確認することができ、現状と中間目標との差異を解消することで、プロジェクトが前進します。

　物流DX成功に向けて目標設定は重要です。自社の状況にマッチした適切な目標設定を行いましょう。

SMARTの法則

Specific	・定量値を用いて具体的で明確な目標に落としこむ
Measurable	・達成度合いを定量的に判断するための計測が可能である
Archievable	・達成可能な水準の目標である
Relevant	・上位目標の達成に貢献するための下位目標となっている
Time-bound	・いつまでに達成するかという期限が明確である

物流 DX の進め方

現状実態を明らかにする

「物流」は自社内で完結することはできず、複数のプレイヤーによる協働で成り立っています。これは、その実態の把握を困難にする要因でもあります。目標実現に向けた課題整理に向けて、まず、これらの現状の実態を明らかにする必要があります。

◇ わかっているようでわかっていない実態

　目標実現に向けた課題を洗い出すには、今がどうなっているかという現在地を知り、目標と現在地のギャップを明らかにする必要があります。

　日々の業務を担当している人たちは、そのすべてを把握していると思っていますが、実はそうでもありません。実際の業務は複数のプレイヤーで分業されていることが多く、同一業務であったとしてもチーム内のメンバーで業務が分担されています。この場合、役割が重複していたり、昔は必要だったが、今はあまり意味の無くなった作業を継続していたりなど、ムダが隠れていることがあります。

　課題整理に向けてまずは、いつ、誰が、何のために、どのような作業を、どの程度のボリュームで、どんな手順で実施しているかという、現状実態を把握する必要があります。

◇ モノ・作業・情報の流れを知る

　現時点のオペレーションを把握するために、モノ・情報・作業の流れを把握します。発注から入荷、受注から出荷などの主要業務の流れや、それに付随して行われる移動や補充、また定期的に実施する棚卸などの業務についても、順次把握を進めます。

　これら業務の実態把握を目的とした資料の代表例として、業務フロー・物量フロー・システム構成図等があり、これらを取りまとめることで現状業務を可視化します。

①業務フロー：業務の流れとつながりを記述したもの
②物量フロー：モノの流れと、その流量を記述したもの
③システム構成図：基幹システム・WMS・TMS など、各システムの機能とデータのつながりを記述したもの

◇インタビュー結果はその場でまとめる

　現状調査に当たっては、実務メンバーへのインタビューが必須となります。この際、インタビュー内容を一度持ち帰り、後日、資料作成にあたる流れが一般的だと思います。しかしながら、この方法だと、実務者との認識齟齬が発覚し修正が必要となったり、現場側が伝え漏れに気付くなど、資料の最終化までに多くの時間を要することになります。

　このような手間を極力減らす手法として、インタビュー内容をその場で、ホワイトボード上に言語化、図解するやり方があります。この方式は聞き取り結果をその場で可視化し、その場で参加者の確認をとれるため、現状調査のスピードアップにつながります。

　また、「すごく作業量が多い」「ごく稀に発生する業務がある」など、人の感覚値による表現は要注意です。「1日10,000件、30,000行の作業量」「1年に3回発生する業務」など、具体的な定量値をもって現状把握を進めましょう。

目標と現状のギャップ＝目標実現に向けた「課題」

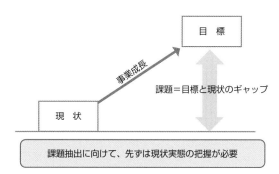

目 標

事業成長

現 状

課題＝目標と現状のギャップ

課題抽出に向けて、先ずは現状実態の把握が必要

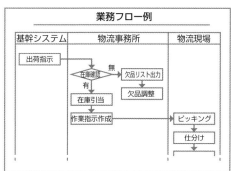

業務フロー例

基幹システム	物流事務所	物流現場

出荷指示

在庫確認 → 無 → 欠品リスト出力

有

欠品調整

在庫引当

作業指示作成 ─── ピッキング

仕分け

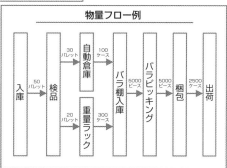

物量フロー例

入庫 → 50パレット → 検品 → 30パレット → 自動倉庫 → 100ケース → バラ棚入庫 → 5000ピース → バラピッキング → 5000ピース → 梱包 → 2500ケース → 出荷

検品 → 20パレット → 重量ラック → 300ケース → バラ棚入庫

実務者インタビュー内容は業務フローや物量フローで可視化

現状分析と課題整理

現状分析は、定性と定量の両面で実施します。ここで洗い出された課題と、目標から落とし込んだ課題を組み合わせることで、将来に向けたバランスのよい課題抽出が行えます。

◇ 現状分析は、定性・定量の両面で実施

現状把握の次は、その深掘り分析です。現行オペレーションや目標実現に向けた、問題点・課題を洗い出していきます。

現状分析は、定性・定量の両面から実施します。**定性分析**[*]は、数値化できない要素を分析するものであり、実務者インタビューなどが相当します。**定量分析**[*]は、数値化できる要素を分析するものであり、実績データ分析やワークサンプリング分析などがこれに相当します。

◇ インタビューであがった問題点の本質をつく

まずは、定性分析として、実務メンバーへのインタビューを実施し、運用面やシステム面における問題点・課題を洗い出します。このとき、各メンバーからあがるのは、日常業務における問題点（現象）が中心となります。本質的な問題点（真因）は別である場合が多々あるため、同じテーマを、異なる視点から質問するなどの手法を用いて、問題の本質に迫る必要があります。

事例をあげてみましょう。現場メンバーより、「事務所のPCで実施している入荷実績登録は、入力項目が多く作業負荷が高い。作業負荷を軽減するために入力項目を絞りたい」という指摘があがったとします。

事務所メンバーは日々の登録業務を軽減したいとのことですが、それをそのまま鵜呑みにしてよいでしょうか？　この業務を細かく見てみると、事務所での実績登録の前に、現場で荷受を実施しており、この際に入荷実

---

[*]**定性分析**　主観的な情報や非構造化データを収集・分析する手法。具体的には、インタビュー、観察、グループディスカッションなどの手法が用いられる。物流分野においては、物流ネットワーク分析、業務フロー分析、情報システム構成（分析）などがこれにあたる。

[*]**定量分析**　数値や量的なデータを収集・分析する手法。対象データは、サンプリング、アンケート調査などで収集し、これを統計的な方法を用いて分析することで、データ間の関係性やパターン、傾向を把握することができる。物流分野においては、オーダーデータ分析、商品ABC分析、在庫分析などがこれにあたる。

績を入荷リストに手書きしています。事務所では、このリスト上に手書きされた入荷実績をデータ化していました。この場合、現場でモノに触る時点でデータ登録できれば、事務所におけるデータ入力が不要となります。したがって、この事例における課題は、事務所での入荷登録を軽減することではなく、荷受け時に現場で実績登録を可能にすることになります。

　このように、各メンバーからのインタビュー結果をそのまま取りまとめるだけでなく、現状調査で整理したモノ・情報・作業の流れを照らし合わせ、本質的な問題点・課題を見極めることが重要です。

問題の本質を見抜く

現状調査により集まった問題点
（現象）

隠された本質的問題点
（真因）

インタビューから得られる問題点は氷山の一角
複数の切り口からのインタビューや調査分析を行い問題の本質に迫る！

◇ 定量分析による課題に検証

　定性分析により顕在化した事項について、それらがオペレーション全体に対してどの程度の影響があるかを検証するべく、定量分析を実施します。オーダー分析、商品分析、動線分析などにより、影響度をはかります。影響が大きければ、改善効果も大きく、解決に向けた優先度が高まります。

◆ トップダウン課題とボトムアップ課題

　現状分析からの課題解決は、オペレーションを洗練し、QCDを向上することにつながります。しかし、これはあくまで現時点の問題点・課題に対するアプローチであり、目標実現に向けては十分でない可能性があります。また逆に、目標から落とし込んだ課題だけでは、実現性の低いオペレーションに向かう危険性もあります。目標から落とし込んだ課題(トップダウン課題)とオペレーションの課題(ボトムアップ課題)を組み合わせ、バランスのとれた課題設定を行いましょう。

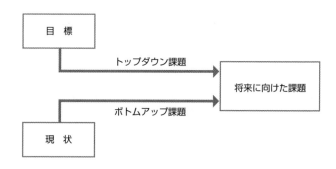

バランスのとれた課題整理

目　標

トップダウン課題

将来に向けた課題

ボトムアップ課題

現　状

トップダウンとボトムアップの双方から、将来に向けた課題設定を行う

将来を支える新オペレーション

将来の事業を支えるオペレーションは、個々の課題を解決し事業目標の達成を目指すものとなります。決まった形はありませんが、大原則として、モノと情報の流れがシンプルな業務プロセス作りを心がけましょう。

◇ きれいな流れをつくる

これまでに策定した目的・目標から落とし込んだトップダウン課題、現状オペレーションの品質・コスト・納期(QCD)の改善に向けたボトムアップ課題の解決に向け、新たなオペレーションを検討します。

物流オペレーションの検討は、モノ・情報と作業の流れを考えることになります。ヒトやモノが入り乱れたり、滞留や逆戻りする複雑な流れは、作業の難易度を上げQCDの低下につながります。河川の流れと同じで、曲がりくねった流れだと増水時に決壊するリスクがあることと似ています。真っすぐで十分な川幅のある河川であれば、増水時もトラブルなく流れます。

物流オペレーションにおいても、情報伝達や作業動線が錯綜していないか、作業ボリュームによっては滞留が発生していないかなどを検討し、極力シンプルな業務プロセスを作ること(**整流化***)が望ましいです。

◇ 流れを保つための計画・実行・管理

業務プロセスの整流化に向けては、しっかりとした計画とその実行管理が重要です。いつ、どのくらいの物量を処理するかを計画して、それを実行し進捗に不具合があれば、すぐに是正処理を行う実行管理によって、きれいな流れを保ちます。

また、この計画と実行管理において、情報は必要不可欠な要素です。物量波動や作業ボリュームに応じた作業計画、歩く・探す・考えることを極力排除したオペレーション、リアルタイムでの進捗管理や位置情報の管理、これらいずれのオペレーションにも情報は不可欠であり、この流れをシンプルにすることが業務プロセスの**整流化**にもつながります。

***整流化** モノや情報が入り乱れたり、途中で滞留や逆流したりすることなく、定められた順序で工程を流れるようにすること。物流センターにおける業務エリアのレイアウトなどでは、導線が交わらないように配置するなどを指す。

◇ 作業方式を選定した上でその手段を選ぶ

　大きなオペレーションの流れができれば、構成要素となる各作業の方式とその実行手段を検討します。作業方式は仕事のやり方のことであり、ピッキング作業を例にすると、**トータルピッキング**、**マルチピッキング**、**オーダーピッキング***などがこれに相当します。

　手段（打ち手）は、作業の具体的な手立てであり、トータルピッキングを、帳票で行うか、ハンディターミナルで実施するかなど、何を用いて作業を実行するかということです。

　まずは、各作業方式を選定します。オーダー特性や商品特性などの分析を基に、それにマッチした作業方式を選定します。またこの際、オーダー特性にバリエーションがある場合は、複数の作業方式を準備し、作業の都度その方式を選択できるようにします。作業方式が決定した後は、業務プロセスと動線がシンプルになるよう、概略のレイアウト配置を検討します。

　次に、各作業方式を実現する手段として、ITシステムやマテハン設備の選定を行います。構想策定で取り決めた方向性に沿って、複数ある手段の中から選定を進めます。新オペレーション企画は、世の中に無いものを創るわけではなく、世の中に存在する方式・手段を組み合わせ、自社独自の物流プロセスを創ることになります。

***オーダーピッキング**　顧客注文に応じて、倉庫内から商品を集品する作業。顧客の一注文毎に集品を行う方式をシングルオーダーピッキング、複数注文をまとめて集品する方式をマルチオーダーピッキングと呼ぶ。

ヒト・モノ・作業の流れをつくる

 業務プロセスと作業動線が錯綜している＝好ましくない

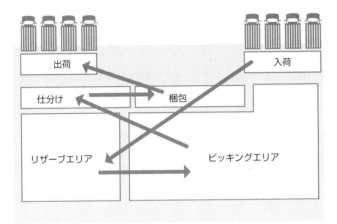

業務プロセスと作業動線がシンプル＝好ましい

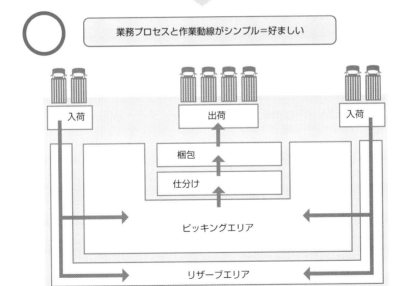

08 詳細検討の概要

新オペレーションの詳細化で、打ち手となる IT システムやマテハン設備への要件を取りまとめます。これは、それぞれの構築を担うベンダーへの提案依頼書（RFP）となります。

◇ モノ・作業・情報の流れを研ぎ澄ます

新オペレーションを詳細化することは、モノ・情報・作業の流れを詳細化することになります。日々発生する定常運用の流れに加えて、月次もしくは年に数回しか発生しない稀な運用や、障害発生時におけるイレギュラー運用の流れを含めて整理します。

具体的には構想策定で定義した将来の業務フロー、物量フロー、システム構成図のそれぞれを、詳細化する作業となります。自社で蓄積したノウハウに加えて、他社の事例など外部の知見も活用し、可能な限り想定漏れのないように作り上げます。

◇ 新オペレーションを実現する打ち手の要件を洗い出す

オペレーションの詳細化を終えると、打ち手となるITシステムやマテハン設備に対する要件についての詳細化を進めます。

特に、オペレーションにおける計画・実行・管理のいずれの面においても、ITシステムによるサポートは欠かせません。詳細検討で抽出された要件のボリュームによっては、既存システムを改修利用するのか、刷新するのかといった大きな判断ポイントも発生します。この際まずは、目標達成に必要な要件を洗い出し、各要件の優先度や必要工数を見定めることで、既存改修か刷新かを取り決めることになります。

少子高齢化に向けた省人化や、作業量の増大に対する生産性向上のため、自動倉庫や自動搬送機などのマテハン設備の活用を打ち手とすることが多々あると思います。マテハン設備は、導入すれば、勝手に考えて仕事をする魔法のツールではありません。あくまでも決められた仕事を、決められた能力で処理するものに他なりません。

　これらを上手く活用するには、事業成長に応じて設備拡張したり、取扱いSKU*や物量の拡大に応じ、設備の適用範囲を変動させるなど、設備導入後における工夫が必要となります。また、マテハン設備を上手に使うためにも、ITシステムのサポートは必須であり、機能と能力に関する要件に加え、長期的な活用に向けた要件も盛り込むべきです。

◇ 各打ち手の要件ボリュームを基にロードマップを描く

　各打ち手の要件洗い出しが終わると、その導入順序や構築ボリュームを考慮し、導入ロードマップを策定します。昨今は人手不足の影響もあり、希望時期に構築着手できないケースも増えています。ベンダー各社の状況について事前調査し、代替案を含めた複数のロードマップを作成する必要があります。

◇ コンペティションによるベンダー選定

　目的・目標、現状整理、課題整理、要件、ロードマップなどを記述した**提案依頼書(RFP)** *を作成し、ベンダー選定に向けたコンペを実施します。

　ITシステムベンダー、マテハン設備ベンダー共に、長期にわたり自社オペレーションを支えるパートナーになります。ベンダー評価においては、技術力や企業力に加えて、ベンダー企業と自社との相性や、担当者の人柄にも重きを置き、評価・選定を行います。

＊**SKU**　Stock Keeping Unit の略。受発注・在庫管理を行う際の最小の管理単位のこと。

＊**提案依頼書（RFP）**　提案依頼書とは、RFP（Request for Proposal）とも言い、IT システムや物流設備に対する業務・機能要件をまとめた文書のこと。ベンダー企業より提案を求める際に提示する。提案依頼書に発注側の意図や希望をまとめることで、開発企業に現状課題や将来像を明確に伝えることができる。複数社からの提案を受ける場合には、各社に同じ粒度で情報を提供することで、適切に比較検討することが可能となる。

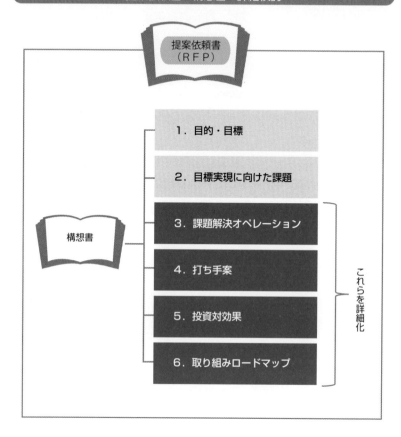

提案依頼書
（RFP）

構想書

1．目的・目標

2．目標実現に向けた課題

3．課題解決オペレーション

4．打ち手案

5．投資対効果

6．取り組みロードマップ

これらを詳細化

09 止めない物流のための オペレーション設計

障害によるオペレーションの寸断は、ともすれば物流の停止につながります。このような事態を極力排除し、可用性の高い、止めない物流づくりが求められます。

◇ 障害に強いオペレーションをつくる

　高い入出荷能力や保管能力は、事業成長を支える物流に求められる重要な要素であり、構想策定においても、最初に議論がなされます。この機能をいつ何時においてもいかに維持するかという観点も非常に重要なポイントです。

　何らかの障害により物流機能がストップすれば、その間の売上が消滅し、事業に大きなダメージを与えます。いかに高い物流能力があったとしても、稼働できなければ意味がありません。止めない物流を目指したオペレーション設計が重要です。

◇ 止めない物流に向けたオペレーション設計

　物流を停止させる要因としては、地震や水害などの自然災害により物流機能の全般が被害を受けることや、庫内で使用するITシステムやマテハン設備の障害など、数多く存在します。

　自然災害への対策としては、在庫拠点を分散する方策が一般的です。一方の物流拠点が被害を受けた場合でも、もう一方の拠点がその機能を代替することで「止めない物流」を実現するものです。

　庫内で使用するITシステムやマテハン設備の障害への対策については、オペレーション設計時に複数の障害レベルに応じた対策案を検討しておく必要があります。これについては、以下で少し掘り下げてみます。

◇ 障害時の「逃げ」ができる設計を実施する

　物流作業を行うにあたっては、WMSなどのITシステムは不可欠なものです。庫内作業においてはハンディターミナルなどの作業端末を扱いますが、作業端末は経年劣化による故障が必ず発生します。端末トラブルの

発生時、他の端末でデータを引き継ぎ作業再開できることや、紙ベースでの作業を可能としておくことなど、作業システムとしての冗長性を高める対策が必要です。

また、WMS サーバーやネットワークなどの IT インフラも冗長化し、WMS 自体の停止への対策も求められます。

マテハン設備の代表例として、スタッカークレーン式自動倉庫を例にあげて障害対策を考えてみます。可動部となるスタッカークレーンが故障すると、入出庫不能となります。これを防ぐべくクレーンを複数台設けると共に、同一商品を複数のクレーンで分散管理し、冗長性を高めることが一般的です。昨今、一般的となったロボット型自動倉庫は可動部となるロボットの数が多く、数台が故障しても、物流を止めるような大きなトラブルにはつながらず冗長性の高いシステムとなっています。

以上のように、止めない物流を目指した作業システムの冗長化は必要ですが、すべての IT システムやマテハン設備に対してそれを行うことは、非常に高コストで現実的ではありません。

障害時、定常運用に近い運用（能力）を維持するような**冗長化**のみならず、マニュアル作業で通常時の半分の能力となるが出荷はできるといった逃げを、オペレーションに組み込んでおくことが賢明です。

障害を考慮した設計

システム機器を用いた通常作業　→　故障時　→　紙を用いた暫定作業

リスクのある単一の可動部　→　故障時　→　可動部の冗長化

10 構築の主体はユーザー企業

ITシステムやマテハン設備の導入において、ユーザとベンダーの間に利益相反が生じる可能性があります。ユーザーが思い描いた「あるべき姿」の実現に向けては、ベンダーにすべてお任せでなく、ユーザー側の主体的な案件推進が欠かせません。

◇ ユーザー企業とベンダー企業との間にある想いの違い

　ITシステムやマテハン設備導入にあたりベンダーが決まると、その道のプロであるベンダーに「すべてお任せ」というケースが多いのではないでしょうか？　ベンダー任せで、思い描いた通りに出来上がるかというと、そこには落とし穴があります。

　ユーザー企業は、自社にベストフィットするシステム・設備づくりを考えています。一方、ベンダー企業はどうでしょう？　当然ながらユーザー企業に寄り添い、高い評価を得てプロジェクトを円滑に進めたいという考えにあります。しかしながら、ベンダーは、自社の利益を稼がねばならない側面もあり、利益の大きい・出しやすいやり方に傾く場合があります。

　ITシステムパッケージを例にとると、**カスタマイズ**が多い案件はプロジェクトが長期化し、請求〜入金のタイミングも遅くなります。分割契約や分割請求するとしても最終の検収までリスクを負うことは変わりません。さらに、案件が複雑化するため対応できる人材が限られ、参画メンバーのアサイン調整が難しくなるなど、管理コストも上昇します。

　カスタマイズ無しに標準版のままで導入すれば、これらの問題の多くは解消できます。標準版であれば対応できるメンバーも多く、短期間のうちに検収を受けることも可能です。

　企業が異なれば考え方も異なります。小さなすれ違いをそのままにしておくと、やがて取り返しのつかない事態を招く危険があります。プロジェクトの初期段階でベンダーとボタンのかけ違いを排除し、相互利益につながる関係性を築き、保ち続けることが重要です。

　プロジェクト進行中には必ず問題が発生します。その解消に向けては、双方の利益を考慮しつつ、目標に沿った打開策を見出すことが求められます。これを円滑に進めるためには、ベンダーとの節度ある関係を保つ必要があり、ユーザー企業側の主体的な行動が必要不可欠です。ベンダー

任せとせず、自らの手でプロジェクトを推進すべきです。

◇ 物流DX部門の基盤

　DX構想〜実行と、プロジェクトを主体的に進めるメンバーは、目的や目標を理解した上で実行時における苦労を経験し、各ベンダーとの良好な関係性を築いている貴重な人材です。このような人材を部門新設などで専任化することで、長期にわたり物流DXを推進することが可能となります。

　初期の取り組みのみならず新オペレーション稼働後も、専任部門が主体となって継続改善を進めることができ、ノウハウの社内蓄積が進みます。これは新メンバー育成にも活かせます。

　また、ITシステムに関しては、計画〜構築・導入のすべてに関わることが多く、自社システムの仕様とシステム構築のノウハウ蓄積が進みやすい領域です。IT人材不足が叫ばれる一方、ユーザー企業も取り組みやすい**ローコードツール***が一般化してきましたので、ITシステムの内製化も視野に入ります。ちょっとした機能改善や漸進的な追加開発も、自社の時間軸で進めることが可能となり、ライフサイクルコスト面でも効果的な取り組みと言えます。

***ローコードツール**　ローコードツールとは、プログラミングの知識が少ない人でも、アプリケーション開発を可能とするツールの総称。グラフィカルなユーザーインターフェースを持ち、ドラッグ＆ドロップでアプリケーションを作成することができる。さまざまなテンプレートやコンポーネントが提供されているため、ユーザーによるアプリケーション開発のハードルを大きく低下させている。

ユーザー企業とベンダー企業との想いの違い

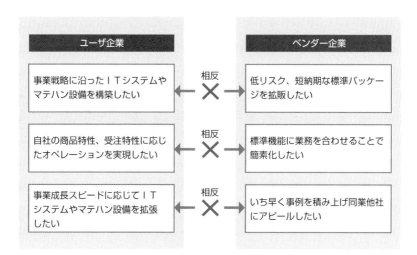

ユーザ企業		ベンダー企業
事業戦略に沿ったＩＴシステムやマテハン設備を構築したい	相反 ✕	低リスク、短納期な標準パッケージを拡販したい
自社の商品特性、受注特性に応じたオペレーションを実現したい	相反 ✕	標準機能に業務を合わせることで簡素化したい
事業成長スピードに応じてＩＴシステムやマテハン設備を拡張したい	相反 ✕	いち早く事例を積み上げ同業他社にアピールしたい

円滑に進めるために

ユーザ企業の主体性 **＋** ベンダー企業との相互利益のある関係構築

⑪ 導入準備は先行して実施する

打ち手の詳細設計や開発と並行し、導入準備を進めます。日常業務を行いながらの作業となるため、あらかじめ余裕をもったスケジューリングが円滑なプロジェクト運営につながります。

◆ 専属メンバーではない現場の協力

　導入する打ち手が、IT システムであってもマテハン設備であっても、検討から導入に至る工程において、現場メンバーの協力は欠かせません。

　IT システムであれば、要件定義や基本設計、開発完了後のデータ移行や受入テストなど多くの工程で現場メンバーの協力が必要になります。マテハン設備の場合でも、IT システムと同様の作業が必要であり、さらに、工事や設置のためのスペース確保などの準備も必要となります。いずれにせよ、現場の負担は大きいものです。

　現場メンバーは通常業務を行いながら、打ち手の構築に協力することになります。構築スケジュールに合わせて時間を確保したとしても、突発的な業務トラブルが発生するとそれに対応せざるを得ず、スケジュール通りに進まないことになります。

　要件定義や基本設計であれば、現場の各チームや部門ごとの意見をまとめておけば、代表メンバーの参画だけでも進められるでしょう。しかしながら、スペース確保や受入テストなどは、多くの人員と時間が必要になります。通常業務を担う多数の人の協力が必要となると、あらかじめ余裕を持ったスケジューリングと関係調整が必要になります。

　打ち手の導入は、実務を担う現場メンバーにとって有益なものですが、構築における現場メンバーの負担は大きく、通常業務の妨げになると懸念されることがあります。実際に打ち手を使うメンバーが気持ちよくプロジェクト参画できるよう、スケジューリングと関係調整には十分な配慮を心がけましょう。

◆ 出来上がり精度を決定する要件定義と受入テスト

　打ち手構築の上流工程となる**要件定義**は、その全体像を決定する重要なものです。要件定義が十分でなく、導入後に仕様変更を行う場合、数

十倍、数百倍の工数を要する場合もあります。また、当初設計したシステム構造を大きく変更する場合、どうしても内部構造に無理が生じ、これを機能拡張しながら長期にわたり活用することが困難となります。

　要件定義は、新オペレーションにおける打ち手の役割を決定づけるため、全体感と長期的な視野を持ち入念に進めましょう。

　要件定義と同じく重要な工程として受入テストがあります。打ち手構築における最終工程であり、「機能と役割を十分満たしているか?」「役割から落とし込んだ要件通りに動作するか?」につき、ユーザー企業が最終確認するものです。**ウォーターフォール型開発***における検収基準ともなります。

　受入テストは重要な工程であるものの、それまでの工程遅れにより期間が短縮されたり、対応するユーザー企業側の人材が不足しているなどの理由で、おろそかとなるケースが多々あります。この原因の一つとして、テスト計画が導入直前に行われるなど、計画着手の遅れがあげられます。

　要件定義が完了すれば、受入テストは計画可能です。テストボリューム、必要リソース、実施スケジュールを早期に取り決め、導入工程に臨みましょう。

現場メンバーとの関係性が重要

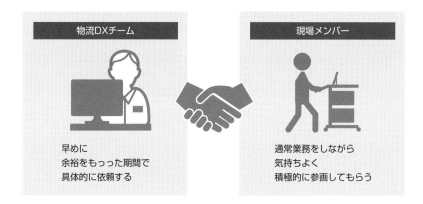

物流DXチーム
早めに
余裕をもった期間で
具体的に依頼する

現場メンバー
通常業務をしながら
気持ちよく
積極的に参画してもらう

***ウォーターフォール型開発**　ソフトウェア開発のプロセスモデルの一つ。開発の各工程を一方向に進める手法で、各フェーズでは、前のフェーズの成果物をベースに次のフェーズに進む。

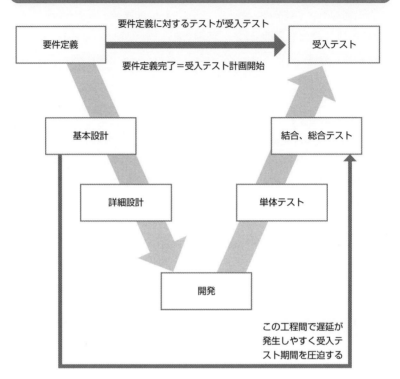

V字モデル*における工程の関係性

要件定義に対するテストが受入テスト

要件定義 ──────→ 受入テスト

要件定義完了＝受入テスト計画開始

基本設計　　　　　結合、総合テスト

詳細設計　　　　　単体テスト

開発

この工程間で遅延が
発生しやすく受入テ
スト期間を圧迫する

***V字モデル**　ソフトウェア開発工程とそのテスト工程を対比、明確化した開発プロセスモデル。ソフトウェ
ア開発の各フェーズに対応するテストが対称的に配置され、左側の開発フェーズで作成された成果物に対応
する右側のテストが行われる。開発とテストのプロセスは、中央のV字型に表され、左側の開発プロセス
と右側のテストプロセスが対応する。

5 データドリブン PDCA を埋め込む

物流において、その企画から実行に至るあらゆる場面において、データ活用は必須です。本章ではデータ収集から分析、結果の解釈を、いかにビジネスパフォーマンス向上につなげるのかを読み解きます。

データドリブン
＝データに基づく意思決定

日々のビジネスは、経営から現場に至る各階層でさまざまな意思決定がなされています。経験や勘によって意思決定する場面も多いですが、より賢明な判断を下す手段として、データをビジネスに役立つよう集計・分析し、意思決定に役立てるデータドリブン経営が注目されています。

◆KKD（勘・経験・度胸）による意思決定の限界

　ビジネスの規模や範囲が小さく、判断に必要な材料が両手で事足りるような数であれば、その道の熟練者の**KKD***による意思決定に大きな判断ミスは生じません。しかしながら、判断材料が多数あり、そのデータボリュームが数千・数万ともなると、たとえその道のプロといえどKKDだけでは正しい判断を下すことは非常に困難となり、ミスジャッジにつながる可能性が高まります。

　近年のビジネスにおいては、インターネットをベースとしたデジタル活用が進行し、飛び交うデータの種類・ボリューム共に増大しています。また、これまでの限定された得意先のみならず、不特定多数の「個客」相手の取引が急増した結果、購買履歴をはじめとする顧客情報は属性・データボリューム共に膨大となり、買い手の嗜好や行動も多様化する中で、KKDに頼る意思決定は不可能な環境となりました。

◆データに基づく意思決定＝データドリブン

　ビジネスで取り扱う変数とそのデータボリュームが増える中、適切な意思決定を行うためには、これらデータをビジネスの活用目的に応じて集計・分析し、意味ある示唆を得ることが必要不可欠です。

　昨今は、ITテクノロジーの進展と低廉化により、誰でも容易に大量データを取り扱うことが可能となり、データに基づき意思決定しビジネスに有

***KKD**　データドリブン経営の真逆の考え方で、個人の勘（K）、経験（K）、度胸（D）でさまざまな意思決定を行うこと。良くも悪くもKKDに基づく意思決定の質は、それを行う個人の能力に依存することになり、再現性が担保されない。

効なアクションを行う、**データドリブン経営***が進展しています。このデータドリブンをビジネスに活用するメリットとしては、大きく以下の３点があげられます。

---

①KKDに根拠を与えられる
　これまで経験と勘に頼っていた意思決定に、データ分析という事実に基づく根拠を与えることができ、判断の妥当性が増す。
②個人技から脱却できる
　データ分析に基づく意思決定は個人技への依存度が低く、同じ手順を踏めば誰でも同じ示唆を得られる（再現性が高く、属人性は低い）。
③広く・深い検討ができる
　個人の経験範囲を遥かに超えるデータを基に分析を行うため、人間技では不可能な範囲と深さで検討が行える。

◇ 物流とデータドリブン

　モノの生産から消費に至るすべての工程において「物流」は存在します。そこでは24時間365日、入出荷データや取引データ等、多種多様で大量のデータが行き交っており、これをいかに有効活用するかが、物流を効率よくスピーディに進めるカギとなります。正にデータドリブンは物流において必要不可欠な取り組みと言えます。

***データドリブン経営**　企業の戦略立案やさまざまな意思決定において、データを重要な判断材料として利用すること。この考え方は、過去のデータを収集、分析することのみならず、現在のデータをリアルタイムで分析し、迅速な意思決定や改善施策の実行につなげることである。

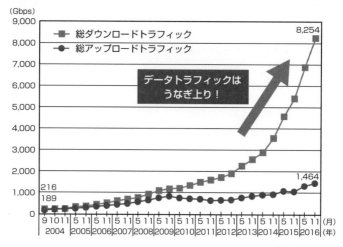

急増するデータトラフィック量（ブロードバンド）

(Gbps)

- 総ダウンロードトラフィック
- 総アップロードトラフィック

データトラフィックは
うなぎ上り！

8,254

216
189

1,464

出典：総務省情報通信白書

ビジネスで取り扱うデータ量が激増する中、KKDによる意思決定は限界に！

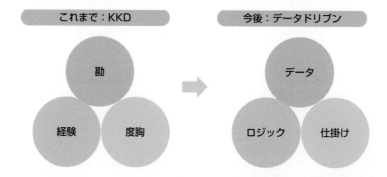

意思決定モデルのこれまでと今後

これまで：KKD

勘

経験　度胸

今後：データドリブン

データ

ロジック　仕掛け

データドリブン経営の目的と戦略

データドリブン経営というと、まずはデータ分析ありきで経営や業務に必要な意思決定をすることと解釈してしまいがちです。間違いではありませんが、データドリブンは経営・事業目的（戦略）を実現するための手段でありそれ自体が目的ではありません。

◇ まずは目的（戦略）ありき

　欧米を起源とする新しい経営手法やITテクノロジ・ソリューションが脚光を浴びると、それ自体を取り入れることが目的化することがよくあります。

　ひと昔前に脚光を浴びたERPやSCM等についても、その概念を自社の経営・事業目的にどのように活かすのかといった議論が曖昧なまま、ITソリューションの導入を進めてしまったケースが数多くありました。

　データドリブン(経営)についても、まずは何でもかんでもデータを集め、そこから新たな製品・サービス開発や業務の効率化に向けた示唆を得ようという行動に陥りがちです。卵が先か、ニワトリが先かの話に聞こえますが、データドリブンは経営や事業目的（戦略）の実現に向けた「手段」であり、それ自体が目的ではありません。「自社の**事業戦略***が想定通りに上手く進んでいるのか？」「戦略の不適合が生じていないのか？」といった判断を、データを基にして行うことが目的になります。

◇ 目的（戦略）が無いと判断ができない

　目的が無いままデータを眺めていても、何の判断もできません。「何のためにどんな分析を行うのか？」「それに必要なデータは何か？」、これらが明確になっていなければ、データを眺めていたところで何の判断も、それに基づくアクションもできません。目的（戦略）が明確になっていないことには、データを評価する物差しが無く、意思決定をすることはできません。

　また、この戦略は経営層が担う経営戦略だけでなく、その実現に向け

***事業戦略**　企業の将来におけるビジネス展開のために立てる計画や方針のこと。企業の長期的なビジョンや目標の達成に向けたアクションを規定する重要な役割を持つ。企業における経営戦略の中核的な要素であり、その成長や収益性に直結する。

て各機能部門に展開されたオペレーションレイヤにおける戦略（物流戦略・マーケティング戦略等）も対象となります。故にデータドリブン経営は、経営層のみならず各機能を担うオペレーション担当者に至るすべての社員が関連する取り組みと言えます。

◆ 目的（戦略）の実行状況をデータで判断する

　目的（戦略）が定義されれば、その実現状況をモニタリングするに必要なデータを抽出、それを日々管理しながら必要なアクションを実行していくことが、目的達成に向けてのポイントとなります。

　物流オペレーションの現場を例にとると、**コストミニマム**を実現する現場作業員数の適正化という目的を定めた場合、この状況をモニタリングする物量や投下工数といった結果指標と、それと関連性の高い、市場への新商品の投入数やキャンペーン広告の実施数等の先行指標を、日次・週次といった短いサイクルでモニタリングしつつ、必要に応じたアクション（要員計画&要員アサイン）を実施していくことになります。

　これが目的（戦略）実現に向けたデータドリブン経営の実践となりますが、これは同時に、戦略そのものや、その実現に向けたアクションに不具合が生じていることを早期に発見することにもつながります。

　データドリブン経営は、戦略実現に向けた手段（アクション）であると同時に、戦略自体の問題点を早期発見し、その見直しに向けた示唆を提供してくれる側面もあります。

データドリブン経営の本質：まずは目的（戦略）ありき

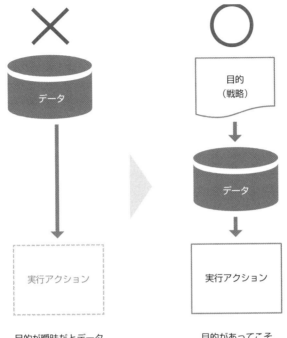

目的が曖昧だとデータ
だけ見ても取るべき
アクションは決められない！

目的があってこそ
データを判断し
アクションが取れる！

データドリブン PDCA を埋め込む

必要なデータを絞り込む

データドリブン経営は、目的（戦略）ありきで進める必要があることを先述しました。この上で重要なのは、手当たり次第にデータをかき集めるのではなく、自社事業や業務目的に即してデータを峻別、利活用することです。

◇ 必要なデータを見極める

　現代のビジネスにおいてはほとんどのデータがデジタル化されており、多種多様なデータを取得することが可能な時代になりました。一般的な商取引や作業実績データもさることながら、**IoT***機器の発達により、これまで取得されていなかった生産機械・マテハン設備の稼働ログやWEBカメラによる画像データなど、構造化されていないデータも取得・蓄積されるようになり、ともすればデータの海に溺れかねない状況になっています。

　有り余るコンピュータパワーが手に入る時代とはいえ、目的実現に関係の無いデータ（ゴミデータ）を蓄積・分析しても意味はなく、ゴミデータからはゴミの結果しか得られません。

　大量データの中には、取得できるからといって、目的も無くとりあえず収集・蓄積されたデータ（項目）も存在しており、これらは自身が行う分析や判断に大きな影響を与えないケースが大半です。

　目的に即し必要なデータを絞り込み、意思決定に必要な分析を行うという、当たり前と言えば当たり前の行動が、スピーディで適切な意思決定につながります。

---

* IoT（Internet of Things）　IoT とは、インターネットに接続されたさまざまな機器やセンサーが相互に情報をやり取りすることによって、自律的に機能するシステムのこと。家電製品や車、マテハン設備など、あらゆるものにセンサーや通信機能を組み込むことで、それらの機器や製品が自律的に動作し、集めた情報をリアルタイムで収集、分析、共有することが可能となる。この活用により、品質や生産性の向上、省エネルギー化、安全性の向上などが期待される。

◆データサイエンティストが何でもできるわけではない

さまざまなデータの中から必要なものを選び出すのは、**データサイエ
ンティスト***と呼ばれる人々の仕事だと思われてはいませんでしょうか？

データの取り扱いの達人で統計や分析、IT のスキルを持っており、最
新の IT ツールを駆使して、たちどころに答えを導き出してしまうスペシャリ
スト。確かに彼らの仕事はビックデータを解析し、そこから有用な示唆を
導き出すことではあります。

しかし、だからと言って、必要なデータを「はい、これです!」と選び出せ
るわけではありません。対象企業の事業や業務、属する業界のルールや
慣習、これらについての理解無くしては、必要なデータのあたり（仮説）を
つけることができないからです。

また、当該企業において、「どのシステムにどのようなデータがどのよう
な形で蓄積されているのか？」「そのデータをどうやって抽出するのが効率
的か？」などといったことについても、その企業のシステムに精通した人間
でなければスピーディに適切な答えを導き出すことは困難です。

◆必要なデータを知っているのは自分自身

AI が人知を超える**シンギュラリティ***が巷を賑わしていた数年前、「ビッ
グデータ分析で何か新しいことを見つけられないか？」といった声を実際に
耳にすることがありました。しかし、目的も無く、ただ闇雲にデータ分析
したところで得るものは多くありません。

このように自分で考えず、AI が何かの答えを出してくれると信じ込む、
他力本願・思考停止の状況には注意しなくてはなりません。

自社の事業・業務をどのようにしたいのか（戦略）について理解している
のは、他ならぬ自分自身です。これは、経営層から現場担当者に至るま
で共通することであり、それなくしてビジネスは成り立ちません。故に、

***データサイエンティスト** 統計学や AI、IT のスキルを持ち、データを分析によってビジネス上の問題解決
や意思決定の支援を行う専門家。これらの専門スキルのみならず、データから有益な情報を引き出し、それ
をビジネスに活かすためには、ビジネスへの理解や関係者と円滑な意思疎通を可能とするコミュニケーショ
ン能力も必要とされる。

***シンギュラリティ** (Singularity) 人工知能やロボット工学の発展が、人間の知能や生命と同等、あるいは
それ以上のレベルに達し、人類史上の転換点となること。

何らかの判断を行うのに必要なデータが何であるかは、仕事に精通した「自分」が知っているということになります。

　ビジネスの当事者のみが、必要なデータを見極めることができる唯一の存在であることを肝に銘じておく必要があります。

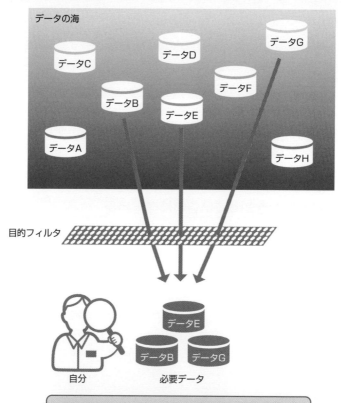

必要なデータを絞り込め！

データの海

データC　データD　データG　データF　データB　データE　データA　データH

目的フィルタ

自分　必要データ　データE　データB　データG

必要データを探し出せるのは、自社の事業・業務に精通し、戦略を理解している「自分自身」に他ならない！

データドリブン PDCA を埋め込む

意思決定の階層毎に必要な データは異なる

データドリブン経営の実践においては、膨大なデータの海に溺れないことが肝心であることを前節で述べましたが、意思決定の階層毎に必要となるデータが異なる点にも配慮が必要です。これについては、各企業内において事前に定義づけしておく必要があります。

◇ 階層毎に必要なデータは異なる

　日々の企業活動においては、ほぼすべての社員が何らかの判断（意思決定）を行い、業務を遂行しています。その最終目的は経営・事業目的（戦略）の実現に帰着しますが、それぞれが担う役割や業務の違いにより、意思決定の目的や内容が異なるため、それに必要なデータも違ってきます。

　一般的に上級管理層は企業全体の事業戦略を立案する立場にあり、事業の大きな方向性を取り決める大局的な視点が求められます。このため、外内部環境の分析データや財務データ、競合情報など、高い視座で広範囲にわたる情報収集が必要となります。

　一方、中間管理層は部門の業務を遂行するための戦略（販売戦略・物流戦略等）を立てる立場にあり、部門の業績データや社員のパフォーマンスデータなど、部門に関する詳細な情報を必要とします。

　オペレーション層は、業務の実行に携わる現場スタッフであり、生産ラインの稼働状況や在庫情報など、詳細な業務情報が必要です。

　このように、企業を構成する階層毎に必要なデータは異なります。企業全体で適切な意思決定が行えるよう、あらかじめ必要なデータを定義しておくことが重要です。

◇ 物流領域における意思決定の階層と必要なデータ

　上記の例を物流領域に当てはめて意思決定階層を整理し、それぞれの階層ごとに必要とされるデータ類を俯瞰します。

---

①上級管理層
- CLO*や物流本部長と呼ばれる階層がこれにあたります。中長期的な時間軸で、物流戦略の立案やサプライチェーンの最適化、物流部門の組織運営、効率化やコスト削減など、物流分野における最重要な意思決定を担います。
- 担当範囲：全体
- 必要なデータ類：物流構造やそのQCD・人事に至る広範囲なデータ類

②中間管理層
- 物流部長や物流センター長と呼ばれる階層がこれにあたります。上級管理層よりは短い時間軸で、物流拠点や輸配送の運営管理と、その効率化・コスト削減などを担います。
- 担当範囲：地域ブロック・拠点
- 必要なデータ類：業務実績（QCD）データが中心

③オペレーション層
- 物流担当者や現場リーダーと呼ばれる階層がこれにあたります。日々の物流業務を実行すると共に、担当業務の効率化・コスト削減などを担います。
- 担当範囲：拠点・担当業務
- 必要なデータ：作業データと担当範囲における業務実績（QCD）データ

---

*CLO（Chief Logistics Officer）　企業の物流戦略の立案や物流機能の統括を担当する役職。物流コストの最適化、物流ネットワークの最適化、リードタイムの短縮など、物流全般の改善に向けた施策を企画・実行する。物流に関するリスクマネジメントや、他部門との連携や各種調整も行う。

意思決定階層毎に必要なデータは異なる

	担当領域	対象時間軸	必要データ類型 （意思決定の対象）
上級管理層	全体	中長期	戦略立案等の 大局的判断
中間管理層	地域ブロック ・拠点	中短期	担当領域の QCD向上
オペレーション層	担当業務	短期	業務遂行とその QCD向上

階層毎に意思決定の対象が異なるため、必要となるデータも違う。
これを踏まえた上で必要データを定義する必要がある。

05 データドリブン経営の実践 ステップ

事業戦略の実現や業務効率の向上に向けたデータドリブン（経営）の実践にあたっては、大きく、1＋4つのステップ（目的・目標設定と、①収集、②分析、③可視化、④意思決定）を踏むことが一般的です。

◆ 目的・目標の設定

あらゆる取り組みに共通することであり、ともすれば見失いがちになるのが目的の明確化です。すべての企業活動は、極言すれば目的とその実現に向けた活動の連鎖で成り立っており、データドリブン経営も同様です。

これがしっかり定まっていないと、「どんな分析を行うのか?」「それに必要なデータは何か?」ということが決められず、仮に何らかの分析を行ったとしてもそれを読み取り、評価することができません。これ以降に続く工程の根幹を支えるステップなので、自社の掲げる戦略を起点として、しっかりとした目標設定を行う必要があります。

◆ データ収集

データドリブンの実践に当たっては、その大元となるデータを収集・蓄積する必要があります。しかしながら、このデータは、何でもかんでも集めればよいというわけではありません。

データ利活用の目的に合致したデータでなくてはならず、目的達成に必要十分なボリュームも必要となります。5-3節で述べましたが、その目的に沿って必要なデータをしっかり絞り込むことが重要となります。

◆ データ分析

この工程は、データ分析を行うスペシャリストだけに任せておくものではありません。

そもそもデータドリブン経営は、正に事業や業務といったビジネスをより良くしていく取り組みですから、当該事業・業務を担当する人々の参画は欠かせません。

　特に重要となる分析切り口（仮説）の発想は、そのビジネスを知らない人だけで行うことは容易ではありません。データ分析の専門家と当該ビジネスの専門家である「自分自身」がタッグを組み、この作業を進める必要があります。

◇ 結果の可視化

　「分析結果から何を読み取りたいのか?」「何を読み取って欲しいか?」「関係者に何を合意してほしいか?」を念頭に、結果を可視化することが重要です。

　ポイントは、設定目的を実現するための論点をしっかり捉え、誰の目から見てもわかりやすく、一意となる表現にすることです。言うは易しですが、必要最小限の情報に絞り込んで可視化するのが基本となります。

◇ 評価・意思決定

　分析結果を読み取り、何らかの判断の後に目的実現に向けてのアクションを取り決めます。このアクションを取り決めないことにはビジネス状況は進展せず、ともすれば状況悪化にもつながる可能性があります。

　また、この結果を読み取る観点や、その状況に応じて取るべきアクションの方向性（判断基準と方法）についても定義が必要です。これが無いと同じ分析結果であっても後続アクションが読み取る人に依存してしまい、これではビジネス活動に組み込むことができません。

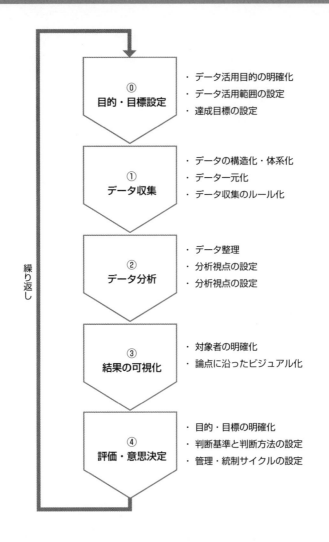

データドリブンの実践ステップ

⓪ 目的・目標設定
・データ活用目的の明確化
・データ活用範囲の設定
・達成目標の設定

① データ収集
・データの構造化・体系化
・データ一元化
・データ収集のルール化

② データ分析
・データ整理
・分析視点の設定
・分析視点の設定

③ 結果の可視化
・対象者の明確化
・論点に沿ったビジュアル化

④ 評価・意思決定
・目的・目標の明確化
・判断基準と判断方法の設定
・管理・統制サイクルの設定

繰り返し

06 物流におけるデータドリブンの重要性

物流実務の現場においては、作業計画や実行、その実績管理といった業務において、日々データを活用しています。しかしながら、データ（分析）に基づく意思決定（＝データドリブン）が進んでいるとは言えない状況のようです。

◇ 物流現場を飛び交う多様・多量なデータとその活用実態

物流実務の現場では、入出荷データ・在庫データ・配送データ等、データを起点として作業を行っています。

しかしながら、総務省によるデジタルデータの活用の実態調査によると、収集・蓄積されたデータが物流・在庫管理領域で活用される割合は15%程度と、他領域（経営企画・製品企画・マーケティング等）と比較すると半分程度であり、企業内におけるデータ利活用が進んでいないことがうかがえます。

これは、業務の中で発生するデータ（トランザクションデータ）を基に、日々の物流実務は行われているのですが、これらデータを蓄積・分析し、業務品質や業務効率を高めるという面（業務改革）での活用が今一歩進んでいないということになります。

◇ データ活用が進まないのはなぜ？

データ起点での業務を行う物流現場において、蓄積データを活用した業務改革が進まない理由としては、以下の点が考えられます。

①日々の業務に忙殺されている

現場における労働力不足が進む一方、EC販売の急拡大により人手が必要なバラ物扱いが増加し、日々の作業に手いっぱいで、他のことに取り組む余力がない。

②データ収集が容易でない

必要なデータ抽出に情報システム部門の協力が必要である等、実務者サイドによるデータ収集に手間がかかり、データ利活用のハード

ルが高い。

③データ活用手法が浸透していない

　出荷頻度の分析を基に、在庫ロケーションを最適化する、オーダーデータ分析を基に、その傾向に合った作業方式を選定する等の、データ分析を基にした業務改革の手法とその有効性が、現場に定着していない。

◇ 物流へのデータドリブンのインパクト

　業務改革の支援を行う上で、データ活用（分析）は必須の活動となります。これなくしては、課題抽出と効果インパクトの定量化は不可能であり、改革に向けたアクションの妥当性と有効性をクライアントと共有することができず、活動を進めることができません。

　また、課題抽出というピンポイントの活動だけでなく、蓄積されたデータを基にした将来の予測、たとえば出荷ボリュームの傾向把握を行い、これに基づき要員計画を実施するといった、日常業務でのデータに基づく意思決定（データドリブン）が大きなインパクトを生むこととなります。前述の総務省調査においても、物流領域におけるデータ活用は、成果につながる割合が高いことが指摘されています。

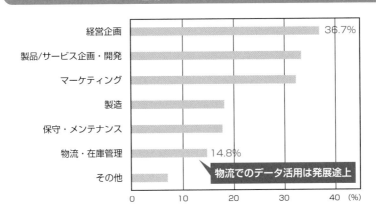

データ活用がなされている業務領域

出典：総務省デジタルデータの経済的価値の計測と活用の現状に関する調査研究

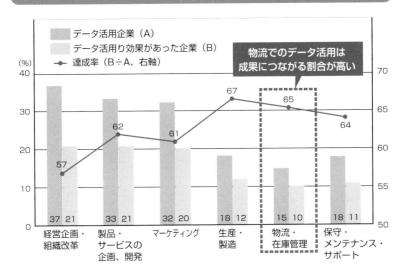

データ活用効果の達成率

出典：総務省（2020）デジタルデータの経済的価値の計測と活用の現状に関する調査研究

07 物流におけるデータドリブンの類型──表DXと裏DX

物流領域におけるデータドリブンの形態としては、フィジカルな物流領域におけるものと、サイバー領域におけるものとに大別できます。これらを表DX・裏DXと称し、表と裏、双方からのアプローチがプロセスイノベーション実現への近道であると考えています。

◇ フィジカル物流領域におけるデータドリブン(表DX)

　　昨今はテレビ・新聞等の一般紙上においても、ロボットやドローンが物流領域におけるDX取り組みの最新事例として紹介される機会が増えています。これまでとは違う手段で、リアルなモノ運びを効率化する取り組みであり、目に見える動きがあるため人々の耳目を集めます。表にでて注目されることから「表DX」と筆者は称しています。

　　この表DXの本質は、フィジカルなモノの動きに関連するデータ(入出荷データや位置情報等)を利活用することで、荷扱い業務の効率化を図るものであり、今現在、発生している仕事に対するアプローチとなります。以下にその例をあげます。

> **①パレタイジングロボット**
> 　リアルタイムの画像認識により商品荷姿を瞬時に把握、適切なパレタイズパターンを選定し、パレタイジングを行う。
>
> **②棚搬送ロボット(AGV)**
> 　棚搬送ロボットが自身の位置情報をリアルタイムで把握。出庫対象の棚を最短ルートでピッキング作業者の手元まで運搬する。

◇ サイバー領域におけるデータドリブン(裏DX)

　　表DXがフィジカルなモノ運びの効率化を図るアプローチであるのに対し、裏DXは蓄積された実績データ等を基に、その傾向や特異点から将来予測を行い、投入リソースの予実差異の極小化を図るアプローチとなります。

　物流現場で活用されるリソース（人や車両・在庫等）は、必要時点で即時手配することはできず、必要量を予測し事前に手配しておく必要があります。この予測をKKDに頼らずデータドリブンで行うことにより、投入リソースの過不足を無くしコストミニマムを図ります。

　物理的な設備導入を伴うため自社環境にマッチする・しないの判断が分かれる表DXと異なり、大多数の企業で実践可能な、将来の仕事に対する効率化アプローチとなります。以下はその例です。

> **①要員最適化**
>
> 　必要となる現場作業者の数は、取り扱う物量により変動する。過去実績などを基に将来の物量を予測し、適切な要員数を導出する。
>
> **②デジタルツイン**
>
> 　現実空間における、ヒト・モノ・コトのさまざまなデジタルコピーをサイバー空間上に構築。データ分析や将来予測等、さまざまなシミュレーションを行い、その結果を現実空間にフィードバックする。多種多様な事業活動の効率化・最適化に適用可能なデジタル技術であり、製造分野における活用が進むが、物流分野での活用は限定的な状況。

「表 DX」：業務生産性向上を図る

従来型マテハン設備

物流ロボット

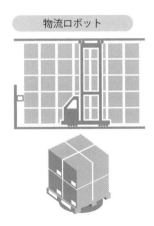

「裏DX」：予実差異の極小化を図る

物量予測/要員計画・配車計画

 データ収集・蓄積・可視化

フィジカル空間　　　　　　　　　　　　　　　　サイバー空間

分析・機械化・活用

機器・人・モノの情報をサイバー空間で再現し、活用

デジタルツイン/プロセスマイニング

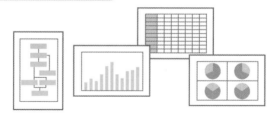

08

物流におけるデータドリブン事例
――裏 DX:要員計画への適用

予実差異の極小化を図るアプローチ（裏 DX）は、人件費の最適化が求められる物流領域において非常に有効なデータドリブンアクションの一つです。要員計画における予実差異を無くすことは利益に直結します。

◇ 人手に頼る物流現場

　巨大なロボット型自動倉庫から自動的に必要な商品がピックアップされ、ロボットハンドが商品をピッキングし、自動梱包された後にカゴ車に自動積み付けされる――これが最新の物流センターである……。こんな記事や映像がメディアに取り上げられことが増えています。

　物流に携わる者にとってメディアで話題になることはうれしいのですが、このようなところはほんの一握りであり、大多数の現場では人の力によって日々の物流が維持されています。

　総務省の労働力調査を基にした推計によると、製造・卸・小売の中で物流に携わる人と、運輸業に携わる人の数は300万人にのぼり、総就業者のうち、20人に1人が物流に関わる業務に携わっている模様です（デジタルシェルフ総研調べ：2020年）。

　また近年、小売業従事者の中で物流に携わる人の割合が増加しており、これは昨今のEC進展に伴う個口（バラ物）物流の増加で業務負荷が増したことが大きな要因と推測されます。

◇ 要員計画の巧拙が利益に直結する

　まだまだ人手に頼らざるを得ない物流現場においては、業務量に応じた過不足無い要員計画が求められます。業務量に勝る要員（数）計画をすれば人余りが発生し、その余剰分の人件費が利益を削ります。反対に、業務量に劣る要員計画であると、業務遅延や残業の発生、さらには追加要員の手配が必要になる場合もあり、これも利益圧縮につながります。

　このように、**要員計画**の巧拙は利益に直結します。そのため、物流セン

ター長をはじめとする現場責任者が最重要と捉えるテーマとして、生産性向上と要員計画の最適化があげられることが多くあります。

◇ 要員計画の現状

上手にやれば利益貢献につながる要員計画ですが、大多数の現場ではこの業務をセンター長や現場リーダーに任せっきりになっているのが実態です。故に、同じような環境にある拠点でもセンター長の力量(簡単なエクセルシートとKKD)によって計画の巧拙が生じ、結果「優良センターと問題センター」が出来上がる構図となっています。

◇ 要員計画へのデータドリブンアプローチ適用

「人手に頼る物流は、要員計画も人任せ」では笑い話にもなりません。要員計画の最適化に向けた第一歩は正確な物量予測です。

センター長のKKDだけに依存せず、蓄積された出荷実績とそのトレンドデータ等から物量波動の法則性(過去に起こった未来の姿)を導き出し、それを基に将来物量を予測するデータ起点でのアプローチに置き換えてゆくことが、**予実差異**の極小化につながります。

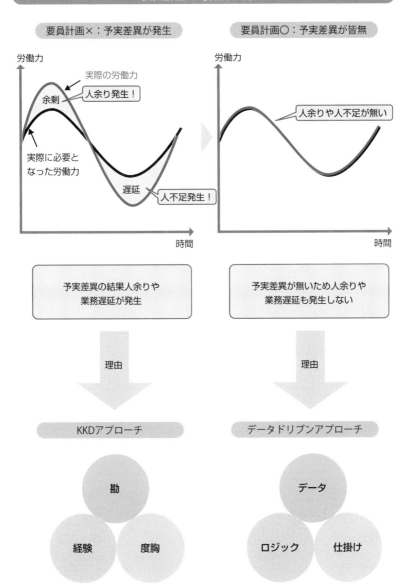

要員計画の巧拙伴う得失

要員計画×：予実差異が発生

労働力

実際の労働力

余剰 ← 人余り発生！

実際に必要と
なった労働力

遅延 → 人不足発生！

時間

要員計画〇：予実差異が皆無

労働力

人余りや人不足が無い

時間

予実差異の結果人余りや
業務遅延が発生

予実差異が無いため人余りや
業務遅延も発生しない

理由

理由

KKDアプローチ

勘

経験　度胸

データドリブンアプローチ

データ

ロジック　仕掛け

考えすぎで動けなくなっていませんか？

　物流DXに限らず、挑戦に失敗はつきものです。イノベーションの革新性は、失敗の数と比例するともいわれます。しかし、当然ながら、失敗は誰もが避けたいものです。特に経営者・管理職層は、部下の提案が少ないことを嘆いておきながら、提案されたものをつい経験則から、思わずダメ出ししてしまいがちです。

　社会人駆け出しの頃、先輩の上手くいった仕事の進め方や先行事例を真似て、自分の型を作っていくのがよいといわれました。そうした方が、成功の確率は上がり、レビューする上長の立場からしても、セオリーを大きく外れないので安心感があったように思います。

　しかし、その結果として、前例踏襲主義が組織風土となり、新しい提案をするためには、入念な調査・検討が必要となります。時間を使ったあげく、上申するごとに修正の指示がなされ、気が付けば当たり障りのない取り組みに変化してしまうのが関の山です。

　物流DXは、絶対的な正解があるものではありません。誰かの真似をすれば上手くいく取り組みでもありません。ゆえに、「失敗」を組織全体で受け入れることが重要であると感じます。

　ここでいう「失敗」とは、「実験」に近いニュアンスで捉えることを意味しています。新規事業においても、早く試行し、失敗から学び、修正する手法が推奨されています。

　緻密に計画を立て、一気に実行するのではなく、「小さく」「早く」試してみる。そこでの気づきを素早く修正していくというサイクルを回せる仕組みを、作っていきたいものです。

6 事例から考えるテーマ別物流 DX

リードタイム短縮や生産性向上といった、多くの物流パーソンが取り組む物流課題をベースに、ＤＸ取り組みの具体例を読み解きます。

リードタイムの短縮──B2C 向けアパレル EC 企業 A 社の事例

アパレル EC 物流センターにおいて、非在庫品の出荷に関し、入荷日の翌日出荷が基本のリードタイムでしたが、WMS カスタマイズにより、入荷後即出荷を行えるようにすることで、出荷リードタイムを 1 日短縮することができました。

◆ 課題

　B2C 向け EC 企業に共通する大きな課題の一つに、出荷リードタイム＊の短縮というテーマがあります。アパレル EC 企業の A 社もその一社です。同社は、多くのブランドを取り扱っており、ウェブサイトに掲載している商品点数も非常に膨大でした。

　そのような中、自社倉庫に在庫している商品については、オーダーを受け、出荷処理を行うのみであるため、リードタイムは比較的短い状況でした。しかしながら、自社倉庫に在庫していない商品は、メーカーや他の商社の倉庫から一度自社倉庫に入荷・棚入れし、そこから出荷指示に基づいてピッキングを行う必要があり、リードタイムが自社倉庫品に比べ 2 〜 3 日以上掛かる状況でした。

　大量のオーダーを処理する必要があるため、入荷したその日に出荷することができず、翌日出荷を基本としていた「非在庫品」のリードタイムを 1 日でも早く出荷させたいとの課題感を持っていました。

＊**リードタイム**　製品やサービスの注文が行われてから、その製品やサービスが納品されるまでの時間。発注サイドが重視するサービスレベルの一つであり、この短縮は、企業の競争力や顧客満足度の向上につながることがある。

◇ 解決策

　同社は、入荷した商品を、即座に出荷することがわかっていながら、一度棚入れしなければならないという非効率な点に着目しました。これは、当時使用していたWMSの仕様上、すべての商品が、入荷・棚入れしなければ出荷を行うことができないようになっており、「ITシステムの制約」であることがわかりました。

　長年使用してきたITシステムが、ビジネス環境やそれに伴うオペレーションの変化に対応しきれなくなっていたものの、その仕様に合わせたオペレーションを続けていた現状から、オペレーションを中心に置き、それを支えるITシステムという考え方に転換したことが解決の糸口となりました。

　そこで、WMSの改修を行い、入荷後、即座に出荷すべき商品については、入荷検品を行った直後に引当を行い、棚入れをせずに出荷を行える仕様としました。また、同じ顧客からの注文に対して、在庫品と非在庫品が混在している場合は、在庫品からのピッキング分と、非在庫分の荷合わせもできるようにしました。

◇ 効果

　前記の解決策におけるWMSの改修により、非在庫品についても、入荷した当日に出荷を行うことができるようになり、結果として、お客様向けの出荷リードタイムを従来から1日短縮することができました。

　リードタイムの短縮のみならず、これまで発生していた棚入れ〜ピッキング〜客先別仕分けの工程で発生していた作業工数の削減にもつながりました。

Ａ社の物流ＤＸ　Before・After

非在庫品について、メーカーから入荷した当日には出荷できず、翌日の出荷が基本的な出荷リードタイムであった

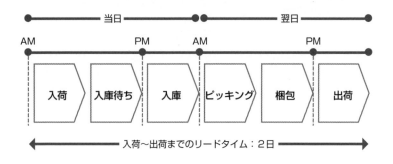

入荷～出荷までのリードタイム：2日

After

入荷検品後に、棚入をすることなく引当を可能にし、即座に出荷処理を行えるようになり、当日出荷できるようになった

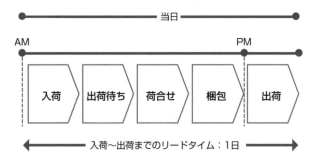

入荷～出荷までのリードタイム：1日

事例から考えるテーマ別物流 DX

保管効率の向上──B2B 向け 部品製造業 B 社の事例

ビジネス拡大に伴う SKU の増加などにより、物流センターの保管キャパシティが限界を超え、「保管効率向上」を課題としていた B 社では、従来型よりもさらに高密度で保管可能な自動倉庫を導入し、劇的な保管効率向上を実現しました。

◇ 課題

　B 社は、B2B 向け部材を製造する中堅製造業であり、長い歴史のある企業です。高い製品力がさまざまな業界で支持されており、売上・利益共に堅調に伸びています。

　製造工場に近いエリアに構えたセンターで長期にわたって物流を行ってきましたが、SKU 数、及び SKU 毎の在庫数量が増加していました。同センターでは、既にパレット自動倉庫やバケット自動倉庫を導入し、保管キャパシティの増強を図っていましたが、それでも在庫はキャパオーバーしてしまい、超過分を外部倉庫に保管し、流出コストが発生していました。

　さらに、外部倉庫に保管している製品については、注文が入った後、外部倉庫から自社倉庫向けに出庫し、自社倉庫に到着後、顧客向けに出荷する流れとなっており、顧客からの希望納期に応えることができなくなっていました。

　これらの状況の中、倉庫内の保管効率を高め、さらなるビジネス拡大に備えたい、との課題を持っていました。

◇ 解決策

　B 社は、出荷頻度があまり高くない小物の保管能力を高めるため、従来のバケット自動倉庫の追加を検討していました。

　しかしながら、それでは目先の保管量は対応できても、ビジネスの伸びに対する将来物量（計画値）には対応できないことが判明しました。そこでリサーチを重ねた結果、従来型より高密度保管を可能にする自動倉庫の導入を決定しました。

　いきなりマテハンの検討から始めるのではなく、ビジネスの中長期的な

147

成長を想定した上で、それらも含めて解決できる選択肢を抽出し、比較・検討したことが、最適な解決策の選定につながりました。

◇ 効果

　これにより、B社の物流センターの保管能力が大幅に高まったため、外部倉庫に保管していた製品も含めて、自社物流センターに保管することができるようになりました。結果として、将来のビジネス拡大にも耐えられる物流体制を構築することができ、外部流出していたコストの削減に直結し、顧客からの希望納期順守率の向上にもつながりました。

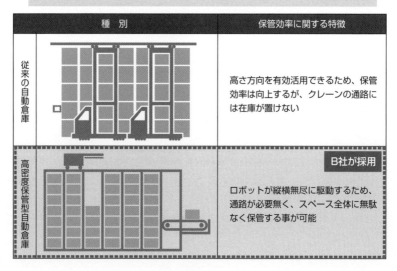

B社の物流DX　Before・After

Before
ビジネス拡大に伴うSKU増加などにより、自社倉庫のキャパがオーバーしており、外部倉庫を利用するなど、外部流出コストが発生しており、顧客からの希望納期も遵守できていなかった

After
倉庫の高さ方向を活用でき、高密度で保管可能な自動倉庫を導入し、保管効率向上・外部流出コスト削減・希望納期順守率向上を実現した

	種　別	保管効率に関する特徴
従来の自動倉庫		高さ方向を有効活用できるため、保管効率は向上するが、クレーンの通路には在庫が置けない
高密度保管型自動倉庫	B社が採用	ロボットが縦横無尽に駆動するため、通路が必要無く、スペース全体に無駄なく保管する事が可能

作業品質の向上——B2C 向け 雑貨 EC 企業 C 社の事例

一度の誤出荷が、失注に直結するため、EC 物流センターにおいては、物流品質の維持・向上が必須要件です。オーダー別の仕分けを、目視に頼っていたところから、対象間口だけが仕分け可能になるソリューションを活用したことで、仕分けミスを極限まで削減しました。

◇ 課題

　　B2Bの場合は、誤出荷があったとしても、ユーザー側からすると、数多い取引回数の中で発生したわずかな誤出荷となります（勿論、頻度にもよりますが）。一方、B2Cの場合は、消費者が同じサイトで注文する頻度は、B2Bの場合よりも遥かに低いため、一度の誤出荷が、とても大きな意味を持ちます。

　　たとえば、Aさんが某社サイトで、2回目に利用した注文で誤った商品が届いた場合、Aさんにとって、某社の誤出荷率は50%となります。そうなると、某社に対する印象が低下し、Aさんはもし同じ商品が別のサイトで購入できるようであれば、それ以降、別のサイトを利用するかもしれません。

　　生活雑貨を扱うEC企業のC社では、誤出荷による消費者からのクレームが無視できないレベルで発生しており、対策を求められていました。

◇ 解決策

　　C社は、20オーダー程度をまとめてピッキングするバッチトータルピッキングの後、オーダー別に仕分けを行い、その後、梱包・出荷という運用を行っていました（ピッキング・仕分けの各工程には、ハンディターミナルを使用）。C社は、各工程毎に、誤出荷を発生させる箇所の有無を想定し、原因を入念に分析した結果、仕分け工程でミスが発生している可能性が高いとの結論に至りました。

　　単にオペレーション全体を塊として捉えるのではなく、工程毎に分解し、誤出荷ポイントについて詳細に分析したことで、仕分けミスの可能性に着目することができました。

そこで、仕分け商品を、該当間口の上下左右に仕分けてしまうミスリスクを撲滅するため、各間口に蓋が付いていて、仕分け商品のバーコードをスキャンすると、該当間口の蓋だけが開く仕分けシステムを導入しました。これにより、物理的に該当間口以外への仕分けが行えなくなりました。

◇ 効果

導入後、作業品質が大きく向上し、誤出荷による顧客からのクレームが激減しました。この取り組みによる顧客満足度の向上も功を奏し、C社は、コロナ禍の中でも業績を順調に伸ばしています。

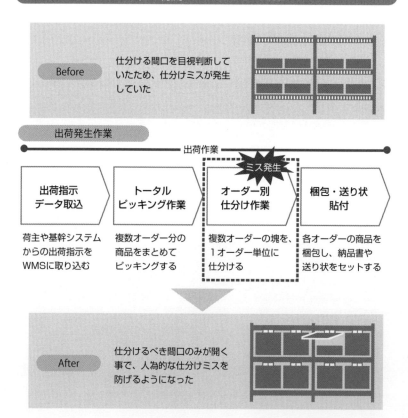

C社の物流DX　Before・After

Before　仕分ける間口を目視判断していたため、仕分けミスが発生していた

出荷発生作業

出荷作業

ミス発生

出荷指示データ取込	トータルピッキング作業	オーダー別仕分け作業	梱包・送り状貼付
荷主や基幹システムからの出荷指示をWMSに取り込む	複数オーダー分の商品をまとめてピッキングする	複数オーダーの塊を、1オーダー単位に仕分ける	各オーダーの商品を梱包し、納品書や送り状をセットする

After　仕分けるべき間口のみが開く事で、人為的な仕分けミスを防げるようになった

04 作業生産性の向上――アパレル SPA 企業 D 社の事例

物流センターから店舗への納品物流において、店舗側での入荷・棚卸工数がかかっていましたが、値札をバーコードから RFID に切り替えることにより、一括読取が可能となり、大幅な生産性向上を実現することができました。

◆ 課題

アパレル SPA*企業の D 社では、物流センターから店舗に送られてきた商品の、店舗側での入荷検品作業、及び店頭在庫棚卸作業に、多くの人手を掛けて対応していました。

特に店舗の棚卸では、四半期に一度の全店棚卸の間、各店舗の中心スタッフが数日間かけて棚卸を行っており、その間、店頭での接客人員を拡充する必要がありました。これが、アルバイトスタッフの費用増につながっており、作業生産性向上を喫緊の課題としていました。

◆ 解決策

D 社での入荷、及び棚卸作業は、ハンディターミナルを用いて、商品の値札に印字されたバーコードを一点ずつスキャンする検品方式をとっていました。棚卸作業を以下の 2 工程に分類すると、D 社の場合、棚卸作業全体のうち、大きな比重を占めていたのは①の工程でした。

> ① 店舗にある全在庫を一点ずつスキャンする工程
> ② システム上の理論在庫と、実在する物理在庫の不一致分の調査を行う工程

そこで、全点スキャンの作業工数を削減する施策を検討し、複数点の一括読取が可能な RFID を導入しました。

＊SPA　Speciality store retailer of Private label Apparel の頭文字の造語。ファッション商品の企画から生産、販売までの機能を垂直統合したビジネスモデルで、日本語では「製造小売業」と呼ばれる。SPA の由来は、米衣料品大手ギャップの会長が自社の業態を指して述べたことによる。

ただし、アクセサリーなど一部のアイテムはRFIDの特性（液体や金属製品と接すると、干渉して読取に影響を受ける）と相性が悪く、期待した読取精度を実現することができなかったため、これらのものは別の運用を行うこととし、業務全体がスムーズに流れる運用を実現しました。

　RFIDというソリューションから検討を始めるのではなく、作業生産性向上という課題を持つ中、最も作業工数が掛かり、かつ、改善可能な工程を入念に分析することで、改善インパクトの大きい工程と、それを実現するソリューションを選定することができました。

◇ 効果

　この解決策の実行により、店舗での入荷検品、棚卸の工数削減（①の工程については90％削減）に成功しました。また、棚卸期間中も、主力スタッフを店頭接客に充てることができ、機会損失の減少に寄与すると共に、アルバイトスタッフ費用の削減も実現しました。

　今後、RFIDタグの貼付作業を行っている物流センターでの棚卸作業、出荷検品作業や、店舗での会計業務へのRFID利活用拡大が検討されています。

D社の物流DX　Before・After

Before　店舗の入荷、棚卸において、1点ずつ検品しており、工数がかかっていた

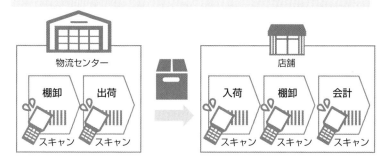

After　RFIDを活用した一括読取により、各工程において業務の生産性が向上し、工数削減を実現した

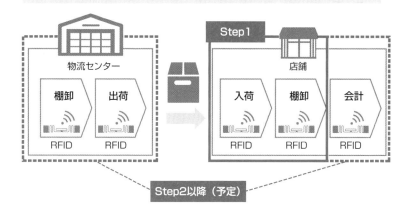

適正な作業単価算出——3PL（荷主：健康食品 EC 企業）E 社の事例

3PL 企業の E 社では、荷主別の人件費が把握できず、どの荷主の作業を改善すればよいかわかりませんでした。しかし、作業開始時に作業者がその内容を登録できる IT システムを導入し、荷主別の人件費が把握できるようになり、利益率改善を実現しました。

◆ 課題

　　3PL 企業の E 社は、大小さまざまな EC 荷主の業務を受託し、1 か所の物流センターで運営していました。同社は、多くの荷主を受託しているものの、利益率が低く、業績が伸び悩んでいました。運賃や保管費は、ある程度把握できていましたが、大きな問題は無かったため、経営層は、人件費に原因があるとの結論に至りました。

　　同社は、作業者が複数の荷主向け作業を横断的に実施(多能工化)することで、効率化を図る一方、どの荷主にどの程度の時間をかけて作業を行っているかが見えておらず、荷主毎の正しい工数が把握できていませんでした。

　　このことから、経営層は荷主毎・作業毎の正確な単価に基づいて、商談時の見積を行えるようにすることで、利益率改善につながると考えました。

◆ 解決策

　　E 社は、正確な工数情報を取得するため、作業時に、その内容を IT システムに登録できる仕組みの導入を考えました。また、E 社の物流センターでは、社員だけでなく、派遣社員やパートも一定数おり、入れ替わりも頻繁であるため、わかりやすい簡単な方法で管理できる必要がありました。

　　そこで E 社は、作業者が荷主業務を行う際、現場に配置されたタブレットに、これから開始する作業を選択し、首にぶら下げた ID カードに印字された QR コードを読み込ませることで、荷主毎の工数を登録・自動集計できるシステムを導入することにしました。

　　この IT システムでは、管理したい荷主や作業の粒度を自由に設定でき

るため、ID カードをスキャンする回数を急激に増やさないよう、まずは重要な荷主業務を個別で登録することとし、それ以外の小さな荷主については「その他荷主」と設定しました。この取り組みにより、荷主毎の工数情報を高精度に取得できるようになると共に、各人の生産性情報も入手することができるようになりました。

　IT システムで集計した情報を元に、E 社では、各荷主向け作業について、適切な作業単価を算出することができました。利益率改善に向け、コストを保管・配送・荷役に分解した上、可視化すべき対象を明らかにするという手順を踏んだことが、本事例における重要なポイントです。

◇効果

　荷主毎の工数や生産性を把握したことで、ある荷主の作業に、他の荷主と比較して過剰に人員をアサインしていることが明らかになりました。その理由を深掘りすると、アサインされているメンバーに新人が多いにも関わらず、業務内容の教育をしっかり受けておらず、ベテランに頻繁に質問をして、両者の作業を中断させていることがわかりました。

　その事実を受け、一人一人の作業者への教育・指導を強化することで、生産性が高まり、同荷主へのアサイン人員を減らし、人件費の削減を実現しました。

　また、新規商談時にも、把握した作業単価を参考にして見積を行えるようになり、徐々に利益率が改善しています。

Before　多くの荷主作業に対し、どの荷主にどの程度の工数をかけているかが分からず、利益率改善の糸口が見えなかった

荷主毎にどれくらい工数が掛かっているか分からない

管理者

作業者A　作業者B　作業者C　……

荷主 a、b 担当　荷主 b、c 担当　荷主 a、c 担当

After　作業者が荷主作業開始時にタブレットでIDカードをスキャンする事で、システムが荷主別作業工数を集計し、荷主別の工数や生産性を把握し、改善すべき荷主作業が明確化できた

タブレットスキャン

作業者ID

荷主別工数管理

生産性管理

06 販売・生産・物流横断での業績管理──B2B向け資材製造業F社の事例

販売部門はシステム上、売上や見積に対して、生産部門が設定する売上原価しか加味することができませんでした。しかし、物流コストも含めたトータル利益を確認できるようにITシステムの改修を行った結果、適切な値決めが行えるようになりました。

◇ 課題

　製造業におけるコストの割合として最も大きいのは、基本的に生産コスト（製造原価）です。売上金額、及びその原価については、細かく管理し、製品別、取引先別、受注番号別など、さまざまな角度で分析できるシステムを整えている企業が多くあります。

　一方で、製品のサプライチェーン上には、荷役費や運賃（及び保管費）など、物流に関する費用も存在していますが、製品毎に物流費を紐づけて管理している企業は、それほど多くないのではないでしょうか。

　B2B向け部材を製造する中堅製造業F社においても、システム上で把握できる製品別の管理指標（KPI*）は、①売上、②粗利（売上−売上原価）の2種類でした。同社のトップ層は、利益率向上を目指すにあたり、生産・物流・販売のどこに手を入れるべきなのかがわからず、まずは各工程を横断して、業績を可視化したいとの課題を持っていました。

◇ 解決策

　F社はまず、一定期間分の粗利データと物流費データを紐づけ、製品別・顧客別利益の分析を行いました。F社では、バラ出荷・ケース出荷とも行っていたため、各々に固有の作業と、双方に共通の作業とに分けて工数を算出しました。共通作業の工数や輸送費については、バラ・ケースの出荷ボリュームを元に按分しました。その結果、バラ出荷を行っている製品や、

＊KPI　Key Performance Indicator の略。重要業績評価指標のこと。組織の目標を達成するための重要なプロセスが正しく実行されているかを評価するための指標。

一部顧客で、赤字となる取引が発生していることがわかりました。

この結果を元に、赤字取引を行っていた顧客の担当営業へのインタビューや、改善に向けた値上げ交渉等に取り組みました。

また、生産・物流コストをトータルで管理することの重要さを認識したF社は、システム上、販売部門の受注に対して、発生した荷役費・配送費を紐づけて見ることにより、製造原価だけでなく、物流コストを加味した利益を確認できるように改修しました。

いきなり物流コストを加味した大掛かりなシステム化を行うこと無く、仮説に基づき、定量的な事実を押さえて検証を行ったことが、手戻りしないシステム化につながりました。

◆ 効果

販売部門では、物流側で発生しているコストに気付き、新規案件については、それらも加味した値決めを行えるようになり、赤字取引の削減につながりました。また、バラ出荷品における利益率向上のためのアクションプランを実施し、改善を図ることに成功しました。

F社の物流DX　Before・After

Before　販売部門が管理する利益には、製造原価しか反映されておらず、物流コストが加味されていなかった

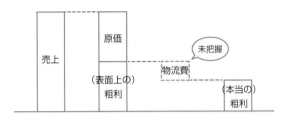

After　製造原価だけでなく、荷役、配送の物流コストを加味する事で、受注にヒモ付くトータルコストを加味して業績管理を行えるようになった

販売部門が確認できる利益	
	受注番号.1234
売上	1,000
売上原価	950
荷役費	50
配送費	50
利益（粗利－物流費）	▲50
利益率（%）	▲5%

物流費を加味すると赤字となる取引も

07 在庫削減──B2B向け工作機械G社の事例

サービスパーツの在庫計画において、過去の使用数量のみを参考にして必要量を算出していましたが、実際の使用量より過大で在庫金額が膨れ上がっていました。そこで、市場での機械稼働状況から必要数量をシステムが予測し、それを元に計画立案することで、在庫削減を実現しました。

◇ 課題

　B2B向け工作機械製造業G社のプロダクトは、ユーザー業務において重要な機能を果たす製品です。そのため、製品の故障等により、ユーザー業務を長時間停止することの無いよう、保守部隊の拡充、及びサービスパーツ在庫の十分な保有に注力していました。

　サービスパーツ在庫の補充方式としては、直近数か月の使用量をベースとした定期不定量方式を採用していました。欠品を起こさないことが、サービス部門の最大の関心事であったため、発注量は、実際に必要な量に対して過剰になっており、サービスパーツ在庫金額は大幅に膨れ上がりました。

　これが常態化し、増加した長期滞留在庫や、製品の販売終了から数年を経て、保有期限の終了を迎えたパーツ在庫を大幅に除却していました。これが営業利益を圧迫しており、サービスパーツ在庫削減の課題を抱えていました。

◇ 解決策

　G社は、在庫削減のため、需要予測の精度を高めることにフォーカスしました。製品の一部はIoTとしてネットワークに接続され、ユーザー毎の製品の使用状況がわかるようになってきていました。

　この情報を活用し、市場で稼働している製品の使用状況から、この先必要なパーツの種類と数量をシステム上で算出し、その数量を取り込んで必要在庫数・発注数を見直しました。

　ただし、使用状況からの予測では、ユーザーの予算消化のためのパーツ入れ替え等の需要は予測できません。そのため、サービス拠点から、

大口案件が見込まれる場合には、必要なパーツ数量、時期について共有するよう業務・ルールを整備し、それらの情報を総合的に加味して、在庫計画立案を行えるようにしました。

　課題を解決するために、あるべき業務の姿を描き、ITシステムのみならず、システム範囲外の業務に対するルールや、体制変更とセットで改善に取り組んだことが効果拡大の重要なポイントです。

◇ 効果

　この取り組みにより、ユーザー毎の製品使用状況を把握でき、需要予測精度が大幅に高まった結果、在庫削減につながりました。

　全体的に在庫金額が膨大であることや、新製品への対応などの課題がまだ残っているため、効果は限定的ですが、中期的に対象製品を拡大し、さらなる**在庫削減**に取り組む方針です。

G社の物流DX　Before・After

Before 欠品の許されないサービスパーツ在庫の需要予測精度が高まらないため、在庫が膨れ上がっていた

在庫計画担当者

在庫計画	
対象パーツ	パーツA
必要在庫数	20
現在庫数	8
発注数	12

➡ 実際の必要数よりも多いため在庫増加

After 市場で稼働している機械の使用状況から、需要を予測する事で、必要在庫の予測精度が高まり、過剰在庫が削減された

在庫計画担当者

在庫計画		
対象パーツ	パーツA	
必要在庫数	12	推奨数量 12
現在庫数	8	
発注数	4	

➡ 実際の必要数に近づき在庫削減

⬆ 市場での使用状況から必要と想定される数量をシステムが算出

08 取引先との情報連携—— 3PL（荷主：日用品製造業等）H 社の事例

荷主へのタイムリーな情報共有を目的として、入出荷データや在庫データのみならず、ABC 分析や在庫回転率など、実績データを分析したレポート情報を共有することで、顧客満足度向上を実現しました。

◆ 課題

　物流業務を3PLに委託した荷主企業は、物流に関する定量的な実績情報を、3PLに開示するよう求めることがあります。3PL企業のH社も同様に、特定の荷主企業から、以下のような情報の開示を依頼され、定期的に提供していました。

H社が荷主へ開示している情報

カテゴリ		情　報
物量	保　管	棚卸実績(差異)、保管SKU数、カテゴリ別在庫数量、在庫回転日数 など
	入出荷	カテゴリ別・アイテム別・取引先別出荷実績　など
サービスレベル		誤出荷率、納期遵守率、返品率　など

　荷主側で把握できて然るべき情報もありますが、荷主側システムの機能がそれほど豊富でなく、H社から提供する必要がありました。

　H社は、上記データを提供するため、都度、WMSからデータをダウンロードして加工し、メール添付等で提供していたため、タイムリーに提供できない場合があり、対策を検討していました。

◆ 解決策

　H社は、荷主に有意義な情報をタイムリーに提供するため、都度、データを加工するのではなく、WMSの入出荷・在庫データを、視認性の高いグラフ等に自動的に加工した上、Webで外部に共有できるシステムを構築しました。これにより、荷主側で、物流情報を確認したい場合、Webサービスにログインしてタイムリーに確認できるようになりました。

　H社は、この課題が、当該荷主だけでなく、多くの顧客に対して価値を提供できる内容であると考え、標準サービスとして早期に提供しました。

◆ 効果

　荷主側の意思決定を支援する情報連携の仕組みを提供することで、顧客満足度の向上を実現するとともに、H社は、新たな荷主獲得のための提案時にも、他社と差別化を図る訴求ポイントとしてアピールできるようになりました。

H社の物流DX 荷主への情報連携イメージ

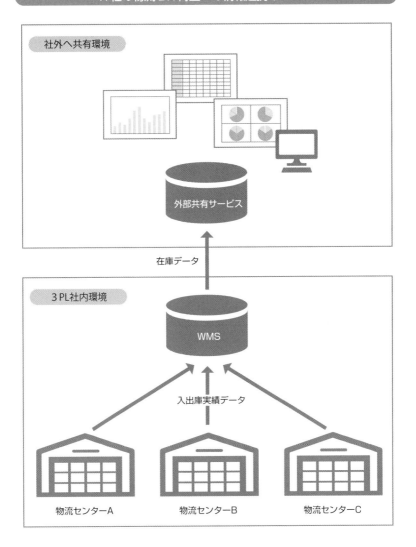

09 省力化・省人化──B2C向け ECアパレルI社の事例

物量の多いアパレルEC事業者の物流センターにおいて、個別導入していたソリューションでは解決できなかった非効率な業務を、全社最適視点で見直し、コンベアやソータによる自動搬送・仕分けマテハン等の導入により、省人化を実現しました。

◇ 課題

　倉庫の規模が大きく、作業者200人以上の物流センターを稼働させているECアパレル販売のI社は、デザイン性が高く、かつ安価なファストファッションアイテムが人気を呼び、売上高及び出荷量が年々増加していました。業務改善への意識も高く、省力化・省人化を目指して継続的な投資を行っており、以下のようなソリューションを導入していました。

> ①工場で取り付けられたRFIDを活用した、物流センター入荷時の一括入荷検品
> ②数十オーダーをまとめてピッキングした後、オーダー別の仕分けを支援するマテハン
> ③オーダー別商品が投入された段ボール箱を自動的に閉じ、テープ貼りする封函機

　しかしながら、物量が増加する中、人の採用については、新たな応募が少なく苦戦しており、現状から人を増やすことなく物量増に対応するため、さらなる省人化が求められていました。

◇ 解決策

　I社は、あらためて業務全体を見直し、作業負荷の掛かっている工程はどこか、分析を行いました。その結果、工数が掛かっているのはピッキング・仕分け工程であり、その中でも以下のような作業に工数が掛かっていることがわかりました。

> ①広大な倉庫の保管エリアを歩き回る歩行
> ②空箱や実箱の運搬
> ③人手での袋梱包

　これらの工数削減のため、Ⅰ社は、入荷から出荷までの全体業務の改革を実施しました。

> ①ピッキング対象オーダー数の拡大
> ②空箱・実箱搬送のコンベアによる自動化
> ③袋包装の自動包装機による自動化

　特に、①のピッキング対象オーダー数の拡大は、各作業者が特定のエリアの中でピッキングを完結させる方式であり、歩行距離を大きく削減できます。一方、対象オーダー数を増やすと、オーダー別仕分けの手法を変更する必要があります。

　オーダーの数だけ間口を用意するとなると、その分のスペースが必要であり効率的でないため、ピース仕分け用のソータで一次仕分けを行った後、既存ソリューションである②を活用した二次仕分けを行う運用としました。これにより、ピッキング作業者は、大幅な歩行時間の削減を実現することができました。

　これまではソリューションありきで、個別の業務に改善策を適用する流れで進めてきましたが、業務全体として効率化するためにどうすればよいかという視点でアプローチできたことが、大きな改善につながりました。

◇ 効果

　数十人分の作業工数削減につながり、今後の物量拡大にも、現状より少ない人数で対応できるようになり、ビジネス拡大に資する物流体制を構築することができました。

I社の物流DX　Before・After

Before	各工程に業務改善ソリューションを導入しているが、長大な ピッキングの歩行工数など、多くの問題があった

問題点の例）ピッキング工程

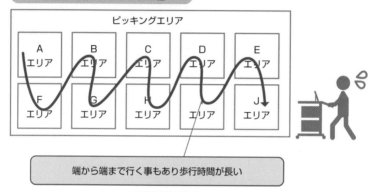

端から端まで行く事もあり歩行時間が長い

After	物流センター業務の全体最適視点で、ピッキング対象オーダー 数拡大や搬送自動化設備を導入し、大幅に省人化

解決策の例）ピッキング工程

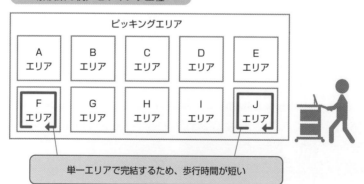

単一エリアで完結するため、歩行時間が短い

⑩ 新規拠点開発・統廃合 ——B2B 向け機械製造業 J 社 の事例

新物流センター構築を検討する上で、どのエリアに何拠点配置すればコストミニマムになるかを模索していました。顧客への納品先住所・物量データを活用して拠点数・拠点配置パターン別シミュレーションを行うことで、最適な拠点数・拠点配置を割り出すことができました。

◆ 課題

　　B2B 向け消耗品製造業 J 社は、数十年前から、関東に 1 か所、自社運営の物流センターを設けていました。物量の拡大に伴い、自社運営で賄いきれない在庫の保管、及び入出荷を、近隣の外部物流センターに委託して対応してきました。

　　J 社の経営層は、これまで場当たり的に進めてきた結果としての現状の物流センター配置・体制が、本当にコストミニマムとなっているか疑問を抱き、調査を進めました。

◆ 解決策

　　J 社は、現在の顧客の納品先住所、及び出荷物量のデータを元に、輸配送ネットワーク分析を実施しました。J 社の物流状況としてわかったことは、関東向けが最も物量が大きく、続いて関西向けが大きく、その後、中部・九州と続く構成となっていました。

　　この納品者情報を元に、J 社はいくつかの拠点配置の仮説を立案しました。

---

①1 拠点体制：関東エリアに拠点配置

②2 拠点体制：関東・関西エリアに拠点配置

③3 拠点体制：関東・関西・九州エリアに拠点配置

上記仮説を中心に、他にもいくつかパターンを用意した上、輸配送コストシミュレーションを実施したところ、現在のa体制では、関西・九州エリアの物量が大きいため、他案に対して非常に高額な輸配送コストとなっていることがわかりました。

　結果として、主要な納品先が密集している関東・関西エリアに各1か所ずつ拠点配置すると共に、想定以上に物量の大きい九州エリアへ、一定量の物量を保管する拠点を配置することで、輸配送コストが最小化されるとの結論を割り出すことができました。

　この結論を元に、さらに保管コスト・荷役コストに関するシミュレーションも総合的に行った上、拠点配置を関東・関西の主力拠点と、九州向けに一部の製品を保管する倉庫を構築することを決定しました。

　本事例においては、自社の物流特性（納品先エリア・物量）を定量的に把握し、その事実を元に拠点配置の選定を進めることができたことが、課題解決のための重要なポイントになりました。

◇ 効果

　現在、当該エリアにおける新拠点構築の途上ですが、拠点が稼働した場合には、年間1億円を超える物流コストダウンが図れる想定です。

J社の物流DX　Before・After

Before
新たな物流センターを構築する上で、何個の拠点を、どのエリア
に配置するのがコストミニマムとなるか分からなかった

新たな物流拠点を構えるにあたり、
どのようなデータを活用し、
どのように必要拠点配置・拠点数を
割り出していけばいいものか

物流企画担当者

After
現在のお客様の納品先住所、および、出荷物量のデータを活用
する事で、コストミニマムとなる拠点数・配置を割り出す事が
出来た

納品先・物量分析

拠点数・拠点配置パターン別
コストシミュレーション

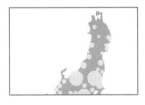

外注業務の正確な理解がコスト削減の第一歩

　3PL企業や人材派遣企業の台頭により、自社のコア業務以外の業務を外部委託先へ外注するBPO＊を活用する企業が増加しています。社員が自社のコア業務に集中できたり、人件費を変動費化できるなどのメリットがあります。一方で、同一労働同一賃金などの社会情勢に伴う人件費の高騰により、委託先からの値上げが頻発し、自社利益を圧迫しているとの声もよく聞きます。

　しかしながら、コスト削減のための**PDCA**を回すことができている企業が少ないのが実情です。そこでまず第一歩として行っていきたいのが、外注業務の内容を定量化し、正しく把握することです。具体的には、委託先からの請求明細における各作業項目を確認し、その作業は何人で、何時間要する作業なのかを把握した上で、それがリーズナブルかどうかを判断します。

　ある3PL企業では、特定の荷主が自社の作業実態を正しく把握していないことに着目し、自助努力で契約した工数よりも実工数を大幅に削減し利鞘を増やす取り組みをしていることがありました。

　荷主企業側が、このような状況を回避するには、外注業務内容を定量化した上で、正しく把握し、必要に応じて交渉を行っていくことが重要です。業務内容を正しく理解できない場合には、実際に現場に足を運んでみてください。机上では知ることができない、思わぬ気づきが必ずあるはずです。

＊BPO（Business Process Outsourcing）　ビジネスプロセスのノンコア業務を、ノンコア業務を集約して行う委託業者に外注すること。人件費の安い地域で業務を行うなどの方法でコストダウンを実現する。

7 物流DX ソリューション の導入ガイド

多くの物流現場で導入が進むWMSやTMSなどを例に、DX取り組みにおけるポイントや留意点を解説します。

クラウドWMSのコストは20年前の100分の1

近年のクラウドWMSは、充実した機能が盛り込まれ、業種・規模によっては業務をシステムに合わせやすいため、安価に導入が可能です。これからWMSをリサーチされる事業者には、クラウドWMSが合うかどうかの検討をお勧めします。

◇ 20年前のオンプレWMS

本章では、物流DXを実現するためのソリューションの一例を紹介していきます。

まずは、物流DXにおける代表的なソリューションである**WMS**（倉庫管理システム）について説明します。

今でこそ、WMSは一般的なITシステムとなり、多くの物流センターで導入されていますが、WMSという言葉が日本に持ち込まれ、導入が始まったのは1990年代の終盤、対象は流通業・3PL業であったと記憶しています。

その頃のWMS導入ベンダーは、外資系企業が中心でした。2000年代のWMSは当然、現在のようなクラウド環境は存在しないため、**オンプレミス型WMS**（顧客の施設にサーバー・ネットワーク機器等のハードウェアを導入し、システムを構築する）のみが存在していました。

また、多くの物流センター業務を、標準機能として実装したシステムとして確立されておらず、各社ごとに、綿密に要件定義を行う必要がありました。その内容に基づき、設計・開発を入念に行うため、コストも非常に高額であり、数千万〜数億円といったレンジのITシステムでした。

◇ 近年のクラウドWMS

それから20年が経った現在、台頭してきたのが**クラウド型WMS**です。クラウド型WMSは、これまで国内でのWMS導入・運用経験を経て構築されているパッケージシステムであり、入荷・保管・出荷に関する基本的な機能が一通り揃っています。また、通販サイト等の代表的な周辺システムとのインターフェース等が実装されているWMSもあります。

サーバーやハンディターミナル等のハードウェア機器もレンタルが可能

なので、イニシャルコストを抑えることができ、IT システムの仕様に業務を合わせることができれば、ランニングコストも月額数万円で使用できる場合もあります。

◆ 自社の規模・業務要件にマッチするかどうかにより選定

ただし、すべてのお客様向けに標準機能で対応できる訳ではありません。クラウド WMS の想定を超える規模であったり、一般的に行われていない、特殊な業務が存在している場合は、パッケージをベースにして、アドオン・カスタマイズが発生する可能性があります。カスタマイズの範囲が広く、内容が複雑な場合、費用が高額となり、結果的に、一から構築するスクラッチの方が安価となることもあります。

自社業務の物流特性を踏まえた上で、クラウド WMS を視野に入れた WMS 選定を行うことが望ましいでしょう。

20 年前の WMS

各社個別に、綿密な要件定義、設計、開発工程を経る必要があり、オンプレミスなため、導入も各社各様で工数がかかった

企業A

パッケージ機能 + カスタマイズA カスタマイズB カスタマイズC

企業B

パッケージ機能 + カスタマイズD カスタマイズE アドオンX

企業C

パッケージ機能 + カスタマイズF アドオンY

近年の WMS

充実した機能が盛り込まれたWMSであるため、業務をシステムにマッチさせやすい。綿密な要件定義、設計、開発が不要でかつクラウドであるため、導入も簡単に行えるようになった

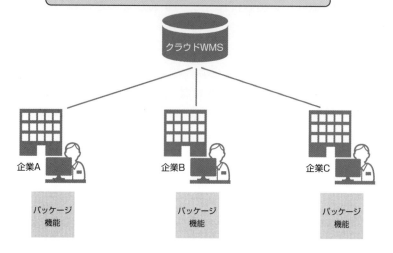

クラウド TMS の使い方

WMS と同じく、クラウド化により低コストで利用可能になったものに TMS があります。TMS は、配車計画、運行管理、管理・請求といった機能を軸に、多くの機能を保有しているので、必要な機能に優先順位付けをして選定することをお勧めします。

◇ クラウド TMS の機能

　倉庫内を管理するシステムが WMS であるのに対して、輸配送を管理するシステムが **TMS**（Transport Management System）です。TMS は、自社便で運送を行っていたり、管理可能な備車を活用している場合に有効な仕組みであり、路線・宅配事業者に依頼している、という場合には使用する必要はありません。

　前節では、クラウド化により低コストで WMS が利用可能になったと述べましたが、それは TMS も同様であり、20 年前と比較すると、導入費が大幅にリーズナブルになりました。

　TMS が保有している機能は、主に以下の通りです。

TMS が保有している機能

機　能	概　要
配車計画	配送指示（どの納品先にどの程度の荷物を、いつまでに届けなければならないか）に対して、ユーザーが保有している車両の台数と積載量や作業者の空き状況を加味して、最もコストミニマムな配送計画を立案する機能です。 地図情報と連携し、詳細なルート設定を行い、移動時間・到着時間を予測する事が可能です。
運行管理	ドライバーに対して、詳細なルートをナビゲーションする。また、実際の運行状況や運転内容（急な加減速、速度超過などの危険運転等）を、リアルタイムで管理者側に共有します。 実際の道路状況や、配送指示の変更に対して、タイムリーにリプランする事も可能です。
管理・請求	ドライバーや車両毎の配送実績を元に車両の稼働率を算出したり、運転日報等のレポートを自動的に作成します。 また、配送実績を元に、納品先毎や、車両・距離・配送地域等の条件を加味して、請求書を作成すると共に、収支を算出します。

◇ クラウドTMSの選び方

　TMSベンダーによっては、すべての機能を実装していないものもあったり、逆に、より豊富な機能を保有していたり、または実装していても管理できる制約条件が異なるなど、それぞれ特徴に違いがあります。業務に必要な機能と、輸配送を管理する上で制約となる自社の物流特性を加味し、優先順位を決めた上でTMSを選定していくことが重要です。

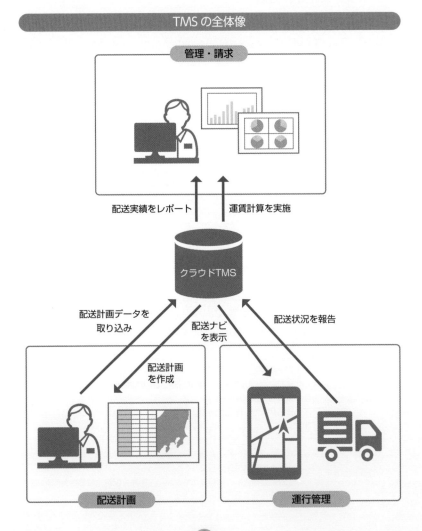

TMS の全体像

管理・請求

配送実績をレポート　　運賃計算を実施

クラウドTMS

配送計画データを取り込み　　配送ナビを表示　　配送状況を報告

配送計画を作成

配送計画　　運行管理

03 KKD に頼る要員計画の ITシステム化

要員計画の成否は、物流の利益確保において非常に重要な要素であり、経験や勘に基づいた計画ではなく、「需要」と「作業員スキル」を基に、データに基づいた要員計画を行うことで、収支を大きく改善することが可能となります。

◇ 要員計画が物流に与えるインパクト

　3PL事業者やEC物流事業者が抱える課題の一つに「要員計画の精度向上」があります。

　要員計画は、当日の物量が事前にわかる場合には立案がしやすいのですが、当日受注・当日出荷が行われており、かつ、物量波動があって、事前に物量が読みにくい場合に、難易度が増します。

　多くの物流センターには、閑散期と繁忙期があり、日単位で見ると、その差は大きく、繁閑の差が数倍にも開く場合もあります。物流波動が大きいほど、実際の物量に対して、正確な要員をアサインすることは難しく、過不足が発生します。

　要員が過剰である場合は、人余りが発生し、人件費が高まり、利益率の低下につながります。逆に、要員が過少である場合には、人不足が発生し、物量が処理できず、出荷の遅延が発生することとなります。

　一般的には、出荷遅延によるお客様からの信頼低下のマイナスインパクトが大きいため、過剰なアサインを行う例が多いようです。

　このように、コストや納期に直結する要員計画を、多くの物流センターでは、ベテランの作業者が、KKD（勘・経験・度胸）に頼って立案しています。この作業をKKDではなくデータにより行えるITシステムが**要員計画システム**です。

◆ 要員計画システム

要員計画システムの主要な機能とパラメータは、以下の通りです。

---

①物量予測

過去の物量の実績（季節性や曜日波動なども加味）や、顧客からのフォーキャスト、市場のトレンド等のパラメータを元に、目先の物量を予測します。

②作業計画

物流作業工程（入荷・保管・出荷）の情報と、日々の作業実績の蓄積から算出した生産性のパラメータを元に、必要作業人数・時間を割り出します。

③要員計画

所属する作業者が担当可能な作業や個人生産性（スキルマップ）、スタッフ毎の勤務体系などのパラメータを元に、スタッフ単位の要員計画を立案します。

◆ スタッフの能力把握が精度のカギ

実績データの収集・蓄積が、計画精度向上のカギです。特に、スタッフ各人の生産性把握が重要なパラメータとなります。スタッフによって、生産性に大きな違いが出る場合があるためです。経験値の違いは勿論、人によって得意・不得意な作業がある場合もあります。

要員計画システムで立案した計画に基づいて作業を開始しますが、当然、予定と実績が乖離し、特定の工程や荷主の作業が**ボトルネック**となってしまうこともあるので、作業の進捗状況に応じ、リアルタイムに計画を見直していくことも重要となります。

要員計画と必要人員の差異

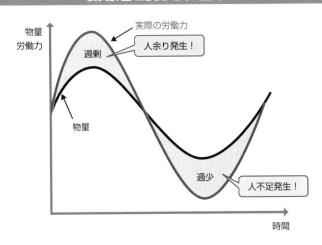

要員計画システムの機能とパラメータ

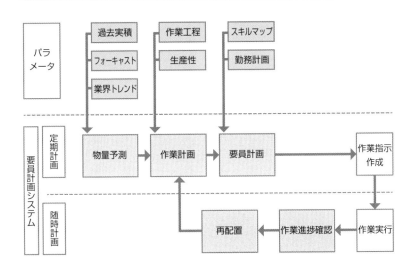

04 DX システムを支えるデータ分析基盤整備

DX を支えるデータ分析基盤の構成要素には、データレイク・ETL ツール・DWH・データマート等があり、形態としては、オンプレミス・クラウドの両方がありますが、近年においては基本的にクラウドベースでデータを一元管理する方法がトレンドです。

◇ データ分析基盤の構成要素

　データを活用し、事業・業務を推進していくためには、さまざまな場所に点在する膨大なデータを収集、蓄積、加工する、**データ分析基盤**の整備が欠かせません。それぞれのおおまかな機能の概要を以下に記します。

● データ収集

　ERP や WMS、CRM*などの業務システムや、Web サイト、IoT 端末など、さまざまなソースからデータを収集します。分析したい内容の元となる情報が収集できない場合には、可視化することはできません。

● データ蓄積

　さまざまなソースから収集したデータを、データレイクと呼ばれる器に保管します。加工されないローデータの状態で保管されており、この状態のままでは、分析を行うことはできません。

● データ加工

　ローデータを、ETL*というツールを活用して、分析可能な状態にクレンジングします。たとえば、不要なデータや重複したデータを取り除いたり、他のソースのデータと表記内容を揃えたり、といった処理をした上で貯めておきます（データウェアハウス）。また、データを可視化したい内容単位

---

*CRM（Customer Relation Management）　顧客との関係管理を指し、顧客情報の一元管理によって顧客との関係性を維持、向上させるというアプローチ。

*ETL　Extract（抽出）、Transform（変換）、Load（書き出し）の略。さまざまなデータベースやシステムからデータを抽出し、処理しやすい形式に変換し、データウェアハウスに書き出すプロセスのこと。

(例：売上データ、在庫データ)に保管しておきます。このように保管されたものを**データマート**と言います。

◇ データ分析基盤整備の進め方

データ分析基盤の整備にあたって重要なことは、これまでの章でもお伝えしてきている通り、「目的志向」です。何を可視化したいのか、5W＋αの視点で整理して明らかにします。

---

①何を把握して、何に活用するか？（Why）
②誰が？（Who）
③どのタイミングで?（When）
④どのような情報を?（What）
⑤どこに着目して?（Where）
⑥どのくらいの頻度で?（How often）

可視化したい情報を明らかにできれば、どのような情報がどのくらいの頻度で必要で、それをどう加工すればよいのかがわかり、アクセスすべきソースも定義できます。

このように、用途を明確にして進めることで、手戻りの無い基盤整備が行えます。

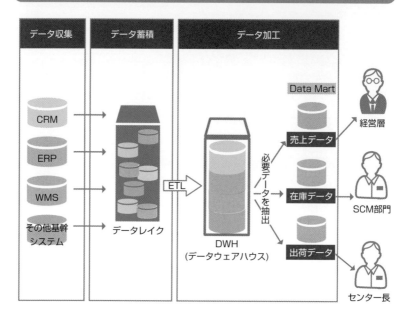

データ基盤構成

データ収集 / **データ蓄積** / **データ加工**

- CRM
- ERP
- WMS
- その他基幹システム

→ データレイク → ETL → DWH（データウェアハウス）

必要データを抽出 → Data Mart
- 売上データ → 経営層
- 在庫データ → SCM部門
- 出荷データ → センター長

データ分析内容例

誰が？（Who）	何に活用するか？（Why）
経営層	センター別の日々の売上・利益を可視化し、収支の良くないセンターについては、早期に状況を把握・対策を行う
SCM部門	アイテム別の在庫回転率情報を確認し、回転率が高いor低いアイテムについて、発注量を増減させる等の対策を行う
センター長	アイテム別にストックエリアからピッキングエリアへの補充回数を確認し、補充回数の多いor少ないアイテムについて、補充量を増減させる等の対策を行う

ローコードツールでリーンな開発を

「2025年の崖」で提唱されたIT人材不足等の課題を解決するための策の1つが、ローコード開発ツールであり、これを利用する事で初期開発・維持両面でコスト・納期縮小が見込めます。WMSにも適用可能な技術と考えられます。

◇ "2025年の崖"問題の対策としてのノーコード/ローコード開発

　"2025年の崖"についてはこれまでにも触れた通り、ブラックボックス化されたレガシーシステムの対応や、IT人材不足の加速といった問題でしたが、その解決策の一つとして近年注目されているのがノーコード/ローコード開発です。

　ノーコード/ローコード開発は、コーディングを極力(または全く)行わず、短期にソフトウェアを開発する手法です。GUI(Graphical User Interface)によって、画面操作でプログラム開発を進めることができるので、これまでのようにプログラミングに習熟した人材でなくても、開発が可能と言われています。ノーコード/ローコードと存在していますが、両者の主な違いは以下の通りです。

ノーコードとローコードの違い	
ノーコード開発	コーディングを全く行わず、GUIのみで開発を行います。開発スキルを必要としないため、ITシステムの知識が無くても開発が可能です。一方、柔軟性に掛ける部分があり、複雑な仕様の実装や、細かい調整は行えない場合があります。
ローコード開発	コーディングをほとんど行わず、GUIをベースにして開発を行います。ITシステムの知識があまり必要無いので、ユーザー企業のシステム部門での開発も十分に行えます。ノーコード開発に比べて柔軟性は高いものの、開発プラットフォーム等の制約を受けるため、従来型の開発ほどではありません。

　物流におけるITシステムにおいても、今後、ある程度複雑な仕様にも対応できる、ローコード開発手法から、適用されていく可能性があります。

◇ ローコード開発ツールを活用するメリット

　物流システムにおいて、ローコード開発ツールを活用する場合、従来型開発と比較して、以下のようなメリットがあります。

・1からプログラミングを行う必要がないため、設計・開発・テストの期間・工数が削減できる

・PC側のOSのバージョンアップ時など、影響をチェックできる（必要に応じ、ローコード開発ツールが対応プログラムを自動生成）

・ITシステム導入後は、ユーザー部門でメンテナンスやカスタマイズを内製化する事で、ベンダーに委託する必要が無くなるので、メンテナンスコストが安価となる

　上記を踏まえ、制約も加味しながら活用を検討していくことが望ましいでしょう。

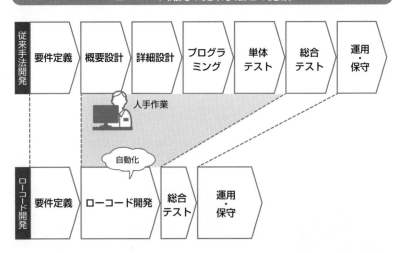

ローコード開発の従来手法との比較

絶対座標で同じ認識をもつことの重要性

　プロジェクトを成功させるために、クライアントとのミーティングを円滑に進めることが大事なのは勿論のことですが、時には、自分の伝えたい内容が相手に伝わらなかったり、複数の関係者の意見をうまく取りまとめることができないこともあると思います。

　そのようなとき、筆者が意識しているのは、「絶対座標をもつこと」です。「絶対座標」とは、「北緯××度」のように基準点が決まっていて、誰にでも誤解の余地がないものの見方のことです。対義語は「相対座標」で、「この人」や「例の件」のように前提が共有されていない場合には、相手に通用しない可能性が高いものの見方となります。

　「相対座標」は大きく 2 パターンに分かれ、1 つは「自分の主観で見えているものだけを全体とする見方」で、この見方に固執すると、自分の言いたいことだけを主張する人になり、相手との意思疎通が困難になります。

　もう 1 つは「相手の主観に完全に合わせる（合わせようとする）見方」のことで、一見ベストなようにも思えますが、複数の関係者と協議を行う場合には、全参加者が同一の人に主観に合わせないと、すれ違いが起きるため、非常に高難度な手法です。

　そのため、複数の関係者と協議をする場合は、極力、全員の認識を一意にできる「絶対座標」を盛り込んだ表現を意識することが肝要です。
それでも、参加者の理解が一致しない場合には、お互いの主張の内容を、ホワイトボード等に記載し、どの点で齟齬が発生しているか、そしてそれは何故なのかを明らかにし、共通理解を促進していくことが有効です。

物流 DX ソリューションの導入ガイド

BI が仕事の仕方を変える

実績データを取り込んで、視認性の高いグラフ等のレポートを簡単に作成する BI ツールを活用することで、物流現場の補充量、ロケーション、生産性等の分析を柔軟に行うことができます。

◆ BIツールの機能

7-4でご紹介したデータ分析基盤を構築した後は、整備した情報を可視化します。その際に役立つのが**BIツール***です。

BIツールが台頭する前は、多くの企業で、エクセル等を活用してデータ分析を行っていました。筆者も、以前に在籍していた経営企画部門で、国内・海外各社の業績や競合他社の業績をExcelで集計してグラフ化するといった業務を行っていました。

作成自体にも勿論、手間・時間が掛かりますし、分析したい内容の変更となると、わずかな項目追加だけでも修正に工数が掛かり、整合性チェックも大変でした。

このような作業も、BIツールを活用することで、簡単にデータ集計・分析・レポーティングを行うことができ、管理作業者の工数削減につながります。BIツールには以下のような機能が備わっています。

***BI ツール** Business Intelligence（ビジネス・インテリジェンス）ツールの略。社内に蓄積された膨大なデータを収集、蓄積、分析、加工し、事業の意志決定支援を行う。

BI ツールの代表的な機能

機能	概要
レポート	情報を視認性の高いグラフや表として画面に出力します。また、それらを構成する定量データを帳票等にして、各種形式（CSV、PDF など）で出力します。
OLAP 分析	Online Analytics Processing（オンライン分析処理）の略称で、リアルタイムに分析の視点を切り替えられる機能です。たとえば詳細データにドリルダウンしたり、必要な 2 項目でマトリクス化したり、といった具合です。
データマイニング	蓄積されたデータを、統計的な処理や機械学習等を用いて、何らかの傾向性（例：小売データにおいて、同時に購入されやすい商品の傾向）を発見する機能です。
プランニング	過去の実績データを元に、将来の数値をシミュレーションする機能です。企業の予算を立案する際等に利用可能です。

❖ 物流への活用方法

　物流における分析ニーズには、在庫状況(アイテム別、カテゴリ別の在庫量や金額、滞留状況など)や、ロケーション状況(ロケーション毎のヒット率の高低など)など、さまざまな項目があります。このような分析を行えるBIツールを、機能として包含しているクラウドWMSも存在しています。

　閲覧者の役割やその時の関心事によって、可視化したい情報・観点が変わる可能性があるため、状況によってWMS内部で実装するのか、柔軟性の高いBIツールで閲覧可能とするか、検討してはどうでしょうか。

物流での BI ツール活用用途例

分析用途	概　要
定期補充量分析	ストックロケとピックロケ運用を行っている場合に、各ロケーションにおける在庫回転率を可視化し、適量かどうか分かるようにする

活用イメージ

補充量分析

↓

· WMSの補充点を変更
· 現場の間口サイズを変更

分析内容例

· アイテム単位に、「ストックロケ」「ピックロケ」ごとの在庫回転率、補充率を表示

· 補充率が一定回数を超えているアイテムは、ピックロケの間口拡充等を検討する

· 設定した期間に応じた移動平均の物量から、ピックロケに配置すべき補充点をシミュレーションする

個別最適でなく全体最適の視点を

物流 DX プロジェクトは、単一部門ではなく、複数部門が参画したプロジェクトとして行われることが多いため、各メンバーには、自部門のみならず、全社利益の最大化を指向して検討に臨めるよう、工夫する必要があります。

◇ 複数部門が関わる場合の検討体制

　物流DXは、事業・業務そのものを変革させるものであると繰り返し述べてきましたが、そうなると、該当企業において、関連する部門は単一ではなく、複数となる場合があります。複数部門で推進する場合、部門毎にバックボーンが異なるので、推進の難易度が格段に高まります。そのような場合に陥りがちな状態として、以下のようなものがあります。

---

①**コンフリクトが発生して、思うように進まない**

　部門の異なる代表者同士で意見に食い違いが発生し、どちらも歩み寄ること無く、議論が進まない。

②**特定部門のみに利益のある取り組みとなる**

　出席者間の発言力に差がある場合に、発言力ある部門の代表者が、自部門に得となる(例:負荷が少ない)発言をし、それを押し通してしまう。

③**手段が目的化する**

　①②を繰り返すことにより、デジタルを活用した、その先にある当初の目的・目標を忘れ、取り組み(手段)自体が目的になってしまう。

◇ 検討を進めるにあたっての注意点

　このような事態が発生しないよう、また、発生してしまった場合は早期に解消できるよう、注意してプロジェクトを進める必要があります。具体的には、以下を検討するとよいでしょう。

①会社の代表として発言することをルール化

　各メンバーは、会社の代表として本プロジェクトに参加しており、当該部門だけではなく、会社全体の利益を意識して発言することをルール化する。

②一度にすべてを解決しようとしない

　要件を決める際、常に満場一致となる結論が出せるとは限らないため、議論が膠着状態となりそうな場合は、段階的に決めていったり、後で変更が可能なものは、一旦の結論としておく、等の対策を打つ。

③第三者視点で判断・評価できるメンバーのアサイン

　部門を代表する人が、どんなに良い意見を述べても、先述した発言力の強弱によっては、採用されない場合もあり、そのようなことを鑑み、第三者視点で、目的に最も合致する意見を評価できる外部コンサルタント等を参画させる。

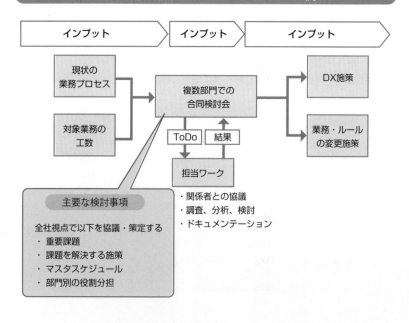

複数部門の物流 DX プロジェクトプロセス例

インプット　インプット　インプット

現状の業務プロセス
対象業務の工数
複数部門での合同検討会
ToDo　結果
担当ワーク
DX施策
業務・ルールの変更施策

・関係者との協議
・調査、分析、検討
・ドキュメンテーション

主要な検討事項

全社視点で以下を協議・策定する
・重要課題
・課題を解決する施策
・マスタスケジュール
・部門別の役割分担

08 PoC を高速で回して精度を上げる

物流 DX 取り組みを行う際には、その実現性や ROI（投資対効果）を算出するのに【PoC】が有効です。「極力、工数・コストをかけずに」「より精度の高い結果」を得るため、しっかりと目的を定義し、達成条件（目標）を明らかにして臨むことが重要です。

◇ PoC の重要性

　物流 DX の取り組みにおいて、何らかのプロダクトの導入を検討する場合、技術的に問題が無いか、机上で想定している通りの ROI（投資対効果）が獲得できるか、といった点において、少しでも確度を高めることが必要です。その際に有効なのが、PoC*です。

　ただし、投資に慎重になりすぎて PoC ばかり実施し、その後の工程になかなか進めない、という企業も存在するのが実状であり、ポイントを押さえた PoC 実施が望まれます。

　特に重要なのは、以下のポイントです。

> ① PoC の目的をしっかりと定義し、ステークホルダー間で共通認識化する。
> ② 極力工数・コストをかけない。
> ③ より精度の高い結果を得られるよう設計する。
> ④ PoC の結果に対して、合否の基準を設けておく。

　上記を踏まえて、以下の手順で PoC を設計・実施していきます。

> ① PoC 企画
> 　目的や狙い、期待効果、合否（続行 or 中止）基準、準備すべき事項、実施日、出席者・役割、実施場所、スケジュールなどを整理。
> ② PoC 実施

＊ PoC（Proof of Concept）　日本語では「概念実証」と訳されます。新しい手法などの実現可能性を確認すべく、実導入に至る前に検証を行うこと。

検証に十分な結果が得られ、かつ、最も時間のかからない内容で実施する。また、PoCに出席しないステークホルダーにも、結果を正確に伝えられるよう、写真や動画を撮影。

③PoC結果レポート

PoCの結果、想定される効果を、定量面(投資、コスト削減等)と、定性面(意思決定者の関心事を意識する)を盛り込んで作成。

◆ PoCの事例

上記の手順でPoCを実施した一例として、ある機械製造業向けサービスパーツRFID棚卸の取り組みがあります。PoC実施概要は以下の通りです。

①目的：RFIDの読取精度と作業工数削減
②実施内容：数人でRFIDシールを丸1日かけて貼付し、翌日に読取テスト
③結果：高精度の読取を確認

結果レポートを作成し、意思決定者に報告、翌期の予算承認を獲得するポイントを押さえたPoCを実施・レポートすることで、迅速な予算確保、本格検討フェーズへの移行が可能となりました。

プロジェクトを高速にドライブするための手段として、PoCを有効活用しましょう。

PoC の手順とポイント

手順	ポイント	イメージ

・目的、Go or No Go条件、
準備事項等を明確化

PoC実施

・極力短時間で実行
・写真・動画撮影、課題抽出
　等も行う
・作業にかかる時間も計測

PoC結果
レポート

・経営層の意思決定の元とな
　るROIは入念にロジックを
　検討し、算出する
・コスト以外の効果（特に経
　営の関心事）も盛り込む

情シスの嘆き

　筆者が大手SIerの営業を担当しているころ、顧客の主体は情報システム部門でした。当時はERPブームの全盛の時代。そのころある大企業の情報システム部長から、こんな嘆きを聞かされたのを覚えています。

　「情報システムは動いて当たり前。どんなに頑張って立ち上げても、コストを下げても褒められることはなく、社内からは金食い虫のように言われているよ」

　ERPは全社の業務改革の救世主のような扱いで、ERPの導入を主導する情報システム部門が、このように社内で位置づけられていることに、何とも言えない悔しさがありました。

　読者の皆さんの会社ではいかがでしょうか。「情シス」という言葉に良いイメージを持っていない人もいるかもしれません。

　本書では欧米との安易な比較を避けることを提唱していますが、IT人材の所属に関しては、明確に比較ができます。日本ではIT人材の72%がベンダー企業に、28%がユーザー企業に属し、米国は35%がベンダー企業、65%がユーザー企業に属しています。このような人員構成のため、日本ではシステム開発を外部に頼らざるを得ない状況になっています。情報システム部は、ベンダーの調達管理をしたり、何かトラブルがあった時の苦情受付窓口になってしまっているような企業もあるでしょう。

　しかしながら、システムのプログラミングは外注という手もありますが、業務と連動する要件定義などの上流工程は、自社の人材が主体となって進められるよう、IT人材を強化する必要があります。情シスは、DXにおいて重要な部門であり、今後、ますます存在感が増していく部門の一つです。

8 デジタル基盤の構築

物流ＤＸへの取り組みでは、手段としての情報インフラの整備やＩＴ
ソリューション導入を進めることになります。多くの選択肢がある中
で、自社にとっての最適解を導くためのポイントを整理します。

成功するITシステム導入とは
──基幹システムの入れ替え

物流システム導入を検討する際には、密接に関連する基幹システムの刷新も同時に検討することがあります。長期間実務を止められない中で、双方の導入を進めるには、どちらを先に導入するかを取り決める必要があります。

◇基幹システムのメンテナンスが最大課題

これまで、顧客価値を起点として、デジタル利活用を通じてプロセスイノベーションを実現する物流DXを説明してきました。

この物流DX取り組みに密接に関連するITシステムとして、**販売管理システム**や**会計システム**などの**基幹系システム**があります。これらは、1980年代から90年代にかけて導入されたものが多く、レガシーシステムと呼ばれます。旧来の技術を用いており、多くのカスタマイズによりブラックボックス化していることから、保守メンテナンスができなくなる**2025年の崖**と呼ばれる課題を抱えています。

政府の調査では、日本企業の基幹システムのうち、約60%が未だレガシーシステムであるとされています。このため、早急に新たなプラットフォームと言語で再構築しなければならないという状況にあります。

◇販売管理システムとの連携

基幹システムの中でも特に、販売管理システムは物流管理システムと密接に連携しています。たとえば、販売管理システムの受注情報は物流センターの出荷指示となり、同様に、発注情報は入荷予定情報となります。また、商品マスタといった各種マスタ情報も密接な連携が必要です。そのため、物流DX推進に伴い販売管理システムの入れ替えを平行して実施する企業も少なくありません。

◇システム入れ替えの順番

基幹システムの入れ替えと物流システム導入をどのような順番で取り行うのか、大変悩ましい問題です。

　特に商品マスタの共有や入出荷データのインターフェース連携に関し、主導的位置にある販売管理システムの入れ替えにあたっては、すべてのデータ連携要素の変更が発生することになり、導入計画も長期にわたることが多々あります。このため、安全なシステム導入手順としては、基幹システムの入れ替え後に物流関連のシステムを入れ替える手順が望ましいと言えます。

　なお、物流システムの中でもインターフェース本数が少ないものや簡易的な連携で済むシステム、たとえば、クラウド型で機能ごとに特化したシステムなどであれば、物流システム導入後に基幹システムの入れ替えを行っても影響範囲が少なく、スムーズな移行が可能です。効率化を促進するクラウド型の物流システムは多くの企業で活用が進んでいます。

　システム導入の手順が決まった後は、ベンダーへの提案依頼に向けてRFPを作成していきます。

基幹システムと物流システムの連携密度は高い

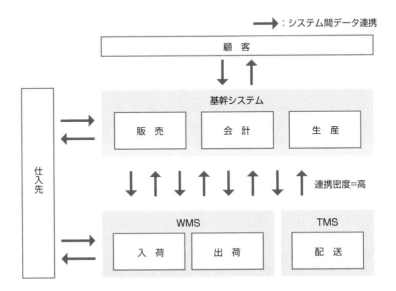

物流における課題には、密接に関わる基幹システムの課題も多く存在する！

02 ITシステム導入に向け現状の あたり前を打破 ——まず現状把握から

ITシステム導入にあたっては、どんな課題があって、どんな解決策で臨むのかが重要です。そのためには、まず正しい現状認識を行うべく、現状の運用やシステムの分析を行う必要があります。分析にあたってはフローやマニュアルなど定型のツールを活用して正しく現状把握を行います。

◇ 業務関係者(登場人物)の見える化：サプライチェーン

ITシステム化の最も重要な要素に、必要機能の優先順位付けがあります。そのために、まず現在の業務を**見える化**し、今の機能で実現できていること、実現できていないことの棚卸を行います。

「見える化」にあたっては、該当する物流を取り巻くサプライチェーンの全体像、その中に含まれるデータの流れ、モノの流れを明確にします。

昨今のB2C物流では、決済後の発送などもあり、カネの流れを伴う把握も必要となります。それと共に、サービスレベルや納品条件など、物流に求められる要件も洗い出します。

物流の全体像が把握できた後、物流拠点における個々の作業フローやタイムチャートを明確にして業務プロセス全体を見える化します。

◇ 運用とシステムの流れを見える化：業務フロー

物流業務は多くの部署に跨って成り立ちます。どの部署で、どのような業務を行い、次はどの部署のどんな業務に引き渡すかといった、業務の内容とつながりを洗い出します。

ここでは、通常業務に加えてイレギュラー業務を含み、ITシステムを活用するかどうか、どのような帳票を使用するかなど、手段についても洗い出します。

業務フローの作成にあたっては、エクセルやパワーポイントなどを使うことも多いですが、専用ツールの活用もよいでしょう。

業務フローにより、業務のムダや手戻り工程を抽出することができます。

◇ モノの流れの見える化：物量フロー

　サプライチェーンや業務フローに沿って、モノの流れを明らかにします。日次や月次などの期間の中で、どこから、どこに、どのような荷姿で、どの程度の量の荷動きがあるかを洗い出します。

　物量フローにより、荷動きのムダや、ボトルネックになっている工程を抽出することができます。

◇ ITシステムの見える化：システム構成図

　現在のシステムの全体像を明らかにします。システムの中には、バックグラウンドで動くアプリケーションや現場支援用のクラウド型の補助システムなどに加え、個々の担当者が工夫して作っているエクセルの計算式や、それを便利にしたマクロなども含みます。

　そして、それらのシステム間でやり取りしているデータやマスタのすべてを洗い出し、どのような情報が連携されているのかを明らかにします。

　物流業務においては、複数のITシステムを活用します。各ITシステムの役割と、それぞれの関連性を整理することにより、機能の重複やデータ連携のムダを抽出することができます。

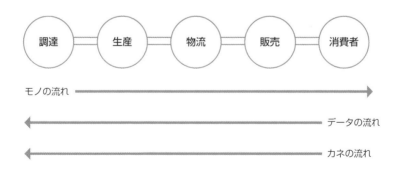

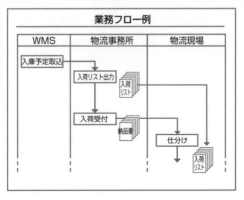

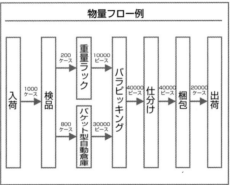

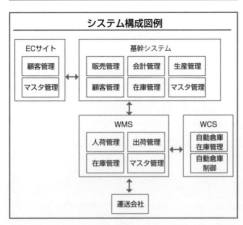

ベンダー選定に向けた提案依頼書（RFP）の作成

システム導入にあたり、開発ベンダーの選定を行います。そのためにはまず提案依頼書（RFP）を作成します。各ベンダー候補の認識差異をなくし、同じ基準でベンダー提案の比較検討を行います。

◇ RFPの重要性

　自社に適した開発ベンダーを選定するには、複数の候補から比較検討して選定することが望ましいです。その代表的な方法がコンペになります。

　比較検討するにあたり、各社が認識する要件にブレがない状態で提案をもらうことが必須条件になります。RFPは、各ベンダー候補に同じレベルで正しく要件を理解してもらうための重要なツールになります。

◇ 要件として、作る打ち手の概要と進め方をまとめる

　4章にて、構想策定で作成した構想書を基に、詳細検討でオペレーション、打ち手、投資対効果、ロードマップを掘り下げ、それらをまとめることでRFPとなることを記載しました。

　RFPの主要項目として、目的・目標、現状整理、課題整理、要件、ロードマップがあります。このうちの要件以外については4章で触れているので、ここでは詳細検討により抽出した要件として、RFPに何を記載するかについて触れることとします。

　打ち手構築の要件としては、何を作るかというシステム要件と、どのように進めるかというプロジェクト要件が必要になります。

◇ システム要件として非機能を忘れるな

　業務要件、システム機能要件、システム非機能要件など、作り上げる打ち手の概要に関してまとめます。ToBeオペレーションがどのようなものか、その実現に向けてどんな機能が必要か、どんな非機能要件のもとでそれを活用するかについてまとめます。

　機能要件はビジネスやオペレーションに直結するのでイメージしやすく

まとめやすい要件になりますが、非機能要件は機能以外の可用性、性能・拡張性、保守性、移行性、セキュリティ、システム環境などを指し、イメージしにくいものです。しかしながら、安定した長期運用を行うためには、非機能要件は重要であり、目的に応じた使い勝手を定義しましょう。

◇ プロジェクト管理ができなければ打ち手は完成しない

次は、要件定義、設計、開発、テスト、導入、教育、移行など各工程における体制と管理方法についてまとめます。誰がどんな役割で存在し、どのような会議体があり、どんなコミュニケーション手段で、どんな管理方法で進めるかを定義します。

進め方が適切でないと、システム構築に多大な労力とコストがかかる場合があります。また、長期的なパートナーとして、自社と親和性の高いプロジェクト管理方法を保有するベンダーを選びましょう。

RFP による複数ベンダーの比較検討の実施

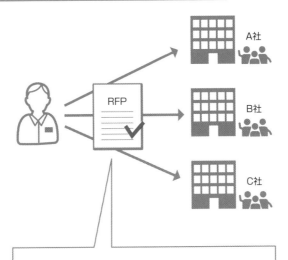

RFPの構成例

1. 会社概要

2. 目的・目標

3. 課題整理

4. 課題解決オペレーション

5. 機能要件

6. 非機能要件

7. 希望スケジュール

8. プロジェクト体制

9. 特記事項、提案書作成方法など

04 要求仕様の事前打診 ——RFI の提示

ベンダーに正式な提案依頼を行う前に、提示する内容やスケジュールが妥当なのか を確認するため、提案依頼の概要となる情報提供依頼書 (RFI) をベンダーに提示し、 依頼先の検討を行うことも有効です。

◇ RFIとは

RFIは「Request For Information」の略称で「情報提供依頼書」と呼ば れるものです。

正式な提案依頼前に、複数のベンダーに対して類似業種に対する経験 の有無やパッケージの導入実績、本案件に興味があるかどうか、希望する 期間、納期に体制を組むことができるかといったことを確認するための依 頼書です。RFIは、製品やサービスの情報を幅広く収集することが目的と なります。

◇ RFIとRFP(Request For Proposal)の違い

RFIは製品やサービスの情報を幅広く収集することが目的であるのに対 し、RFPはベンダー選定が目的となります。そのため、RFPではベンダー に対する具体的な提案を依頼し、提案の範囲や提案の骨子になる要件や 制約条件などが記述されます。RFPに対するベンダーからの回答は、具 体的な提案で見積金額が明記されます。

RFIで得た情報をもとにRFPを作成し、再度企業に提案を依頼するとい う流れが多くあります。

◇ RFIをベンダーの稼働状況の確認として活用

複数のベンダーを候補としてRFIを提示し、自社の希望する導入スケ ジュールに沿って、ベンダー側がメンバーをアサインできるか、希望した 規模に対応できるかなど、ベンダー側の状況の確認を行います。提案依 頼を行っても、稼働できない状況であれば、双方にとって無駄な活動となっ てしまうからです。

　また、RFIに対して明らかに見当違いな回答であったり、熱意のないベンダーであれば、この段階で候補から外すことも検討します。

◇ 要求仕様の変更

　より現実性の高いRFPとするために、正式なベンダーへの提案依頼の前までに、RFIに対するベンダーの対応状況を反映し、要求機能や非機能の実現性、スケジュールなどを更新することも必要となります。目的達成のために、社内事情やビジネスリスクなどを総合的に判断して柔軟な軌道修正を行うことも現実的な対応となります。

　たとえば、自社のスケジュールを最優先とする場合は、それに沿ったベンダーを候補として残しますが、ベンダーのスキルの高さで期待度が高い場合や、逆に条件が厳しすぎて候補にできる会社の数が揃わない場合は、ベンダーの提案可能条件に合わせてスケジュールを引き直すこともあります。

RFI と RFP の違い

	RFI (Request for Information)	RFP (Request for Proposal)
内容	情報提供依頼	提案依頼
目的	・要求事項の妥当性検証 ・ベンダー候補の絞り込み	・ベンダーの選定
ベンダーから入手したい事項	・各ベンダーの製品やサービスについて ・導入事例 ・希望スケジュールへの1次回答	・要求事項に対する提案 ・概算スケジュール ・概算見積り

05 スクラッチ開発か パッケージ利用か

システムの導入にあたっては、パッケージシステムを活用し短期間で廉価にシステム導入を行い、早期の改善や効率化を目指すか、または、パッケージではカバーできない機能が多すぎるためスクラッチ開発とするのか、などの悩ましい選択肢があります。

◇ パッケージシステムかスクラッチ開発か

　企業を取り巻く環境の変化が速く、一旦要件定義した要求仕様でも、時間の経過とともに変化することがあります。特に、現場作業を管理するシステムである実行系システム導入の場合は、取引先要件や商流の変化、ITやロボティクスなどテクノロジーの変化に呼応して、迅速な対応が要求されます。そういった環境の中でスケジュールを優先する場合には、パッケージを活用したシステム導入が望ましいでしょう。

　一方、商流と物流が一体化した卸売業や商社などでは、現場作業の柔軟さよりも、商流の固有条件に合わせた機能に重点を置き、スクラッチでのシステム開発が必要となることがあります。

　また、一般的なパッケージシステムではカバーできない特有機能が多い場合は、スクラッチ開発または、パッケージで対応できない部分だけをスクラッチ開発するという組み合わせパターンも考えられます。

◇ パッケージシステム活用の前提：運用の標準化

　迅速で廉価なシステム導入を目的としてパッケージシステムを活用する場合、現状業務をパッケージシステムに合わせて標準化するのか、あるいは、業務の標準化後に、それにフィットするパッケージシステムを選定するかの2パターンがあります。

　顧客や倉庫の制約などでパッケージシステムとの乖離が大きな場合は、顧客条件の交渉、倉庫の移転などの手段がとれるのかといった検討も必要になります。

◇ パッケージシステム活用の準備：システム化要件のランク付け

　パッケージシステムを活用できると判断した場合、費用対効果の高い機能、取引先条件によって導入が必須となっている機能、戦略的に取り込みたい機能などの優先順位を取り決め、ランク付けを行います。優先順位が高い物から順番に機能の乖離度などを考慮してパッケージベンダー候補を選びます。

◇ パッケージベンダーの選定

　自社の要求機能にマッチしたパッケージシステムを探し出すのは、1〜2社といった少ない選択肢の中では見つけにくいものです。可能な限り、複数の選択肢を検討して提案依頼を行うことが必要です。ただし、複数社との個別の交渉を行うことは、大変な労力を伴うため、選定支援を外部の専門家に求めることも一つの手段です。

スクラッチ開発とパッケージ活用の違い

	スクラッチ開発	パッケージ活用
ToBeの実現	ToBeオペレーションに準拠した開発	パッケージに合わせたオペレーションが必要
初期費用	高額	安価
稼働までの期間	長期間	短期間
保守性	個別の保守体制が必要	ベンダー保守が担保されている
機能拡張	要望に応じて実施可能	拡張可否の判断が必要

06 オンプレミスかクラウド活用か

パッケージシステムの中でも、自社向けにシステム環境を構築するオンプレミス型と、他社と環境を共同利用するクラウド型の 2 種類があります。どちらを選択するのか、それぞれメリットとデメリットがあります。

◇ オンプレミスとクラウド

　オンプレミスは、ユーザー企業が自社でサーバーやネットワーク機器などのハードウェアを所有し、自社内で運用管理する形態を指します。これに対して、クラウドは、自社でハードウェアを持たず、ベンダーから提供された環境でサービスを利用する形態を指します。

◇ コスト面におけるメリット・デメリット

　オンプレミス型のシステムは設備を自社で用意し、当初からピーク時に合わせた性能をもつサーバー機器を用意する必要があることから、初期投資(イニシャルコスト)が大きくなりがちで、平常時に活用できない無駄が発生する傾向にあります。また、準備期間を要し、稼働開始までの時間もかかり、保守や管理、設備の更新も自社費用で行う必要があります。

　一方、クラウド型はベンダーが管理する設備を利用するため、初期費用が少額で抑えられ、早期に利用を開始することができます。サーバー容量などの拡張性もあり、利用規模に合わせて柔軟な対応が可能であり、主に従量制の課金体系で活用することができます。

　ただし、大きな物量を処理する場合は、クラウド費用も膨大となり、かえってオンプレミス型の方が廉価となる場合もあります。償却期間内での初期投資・保守費用などを踏まえた**ライフサイクルコスト**を比較し、方式選定を行います。

◇ 機能要件におけるメリット・デメリット

　オンプレミス型ではアプリケーションのカスタマイズは柔軟に対応することができますが、クラウド型ではベンダー側で仕様が決まっており、カスタマイズ性が低く、自社固有の要件を反映することが難しいというデメリットがあります。

◇ 非機能要件におけるメリット・デメリット

　オンプレミス型は、システム間の連携設定なども自社で行えるため、社内の他のオンプレミスシステムと連携したい場合や、社内ネットワークのみに通信を限定したい、扱うデータの特徴などから社外ネットワークを使いたくない場合などに向いています。

　一方、サーバーを自社に置きたくない、運用管理を他社（ベンダー）に任せたいという場合はクラウド型が向いています。

◇ 結論

　オンプレミスの方が一般的には納期までの時間がかかり、高額となるものの、機能の拡張性は高いことがメリットといえます。

　一方、クラウドの場合はサーバーの拡張性が高く、廉価でクイックに導入できることがメリットといえます。これらを総合的に評価し、自社にマッチした方式を選択します。

オンプレミスとクラウドの違い

	オンプレミス	クラウド活用
初期費用	高額	安価
稼働までの期間	長期間	短期間
維持費	保守費、設備更新費など	従量課金制利用料
機能拡張	要望に応じて実施可能	拡張可否の判断が必要
性能拡張	要望に応じて実施可能	拡張可否の判断が必要

デジタル基盤の構築

ベンダー選定

RFI 提示の後、RFP 提案依頼先のベンダーが固まったのち、どのようにベンダー選定を行っていくのか、システム刷新のプロセス開始時にとって最も重要なフェーズとなります。

◇ プレゼンテーション能力と技術力は異なることに注意

ベンダーからの提案時、その理解力と提案力は主に営業や企画担当者のスキルに依存しますが、実際のシステム導入は、提案時とは異なる技術部隊によって実行されます。

提案書やプレゼンテーションは素晴らしかったとしても、実際のシステム導入時には、外部のパートナー会社の技術者が中心となり、提案時と全く異なった仕様となるということもあり得ます。

そのため、ベンダー選定にあたっては、営業企画部隊の提案内容だけでの評価ではなく、実際に担当する技術部隊の担当者まで含めて評価を行うことが重要となります。

◇ 安定性や成長性と過去実績

安心して任せられるベンダーは、企業として安定した経営状態であることが望まれます。もし事業縮小や倒産などした場合は、プロジェクトが頓挫してしまったり、稼働後の保守が無くなってしまうおそれがあります。

このように、ベンダーの会社規模や事業、財務状況などを踏まえて企業の信頼性を評価することはとても重要です。また、ベンダーが得意とする分野と自社の要求が適合しているか、過去にどれくらいの実績があるのかも重要な要素となります。

◇ 見積項目

コストは最大の比較項目ですが、大きく分けて初期費用とランニングコストに分け、経年のトータル費用を比較します。特にクラウド活用の場合は、経年でオンプレミスのトータル金額を超えてしまうこともあるため注意が必要です。

◆ 要件の網羅性と納期

RFPに記載した目的、要件、課題、機能などを理解し、抜け漏れのない提案になっているか、実現方法や実現可能性なども確認し、現実的であるか確認しましょう。

また、提案機能と稼働予定日を勘案し、妥当なスケジュールであるかを確認しましょう。あまりにも遅い納期設定の場合は要件の把握力や基本機能の不足が、逆に早く設定されている場合でも現実的でなければスケジュールの遅延を招く恐れがあります。要件に合った現実的で妥当な納期設定を見極めることが大切です。

◆ 開発体制と保守体制

企業自体の評価に加えて適切な体制が組まれているかも重要なポイントです。開発現場は多重下請け構造が蔓延しています。依頼先から別の下請け会社に丸投げしているということもあります。社内体制や協力会社を含めた開発体制を確認しましょう。

稼働後の保守体制は、当初の開発体制とは異なった組織で担当することとなるため、サポート体制を事前に確認します。また、時間や保守の条件(オンサイト、リモート)、料金体系などの確認も必要です。

ベンダー比較表例

比較項目		重み付け	A	B	C
RFPの理解度		3	1	3	2
提案の完成度（ぬけ・モレ）		3	2	3	1
機能適合度		2	3	2	1
非機能要件適合度		2	3	2	1
拡張性		2	1	2	3
費用	費用	2	1	2	3
	ランニング	2	3	2	1
体制	メンバー構成・スキル	3	1	3	2
スケジュール		1	3	2	1
導入実績		1	3	2	1
保守	条件	2	3	2	1
	体制	2	3	2	1
合計点数			49	59	39

点数付けすることで比較検討する

08 パッケージ導入における 要件定義の注意点

スクラッチ開発の場合とパッケージ活用を選択する場合とでは、あるべき姿を実現するためのアプローチ方法が異なります。それぞれの手法をご紹介します。

◆スクラッチ開発とパッケージではアプローチが違う

スクラッチ開発の場合は、新オペレーション (ToBe) を実現するべく、要件定義で業務とシステム要件を取りまとめ構築を進めます。

一方、パッケージ活用の場合は、既に存在する製品を基にToBeとの比較検証を行い、適合する点 (FIT) と乖離する点 (GAP) を見定めます。また、洗い出したGAPにどうのように対処するかを要件定義により取りまとめます。

スクラッチ開発の場合は、ゼロベースで構築するので、要望通りに構築することになります。パッケージ活用の場合、GAPへの対策として2パターン考えられます。ToBe自体をパッケージに合わせるよう変更するか、ToBeに応えるべくカスタマイズするかです。多数のカスタマイズを実施すると、自社個別のITシステムとなってしまい、パッケージのメリットである即納性・低価格・安全性が犠牲になってしまいます。パッケージのメリットを最大限活かすには、カスタマイズを必要最低限に抑える必要があります。

◆FIT＆GAPの進め方

パッケージに対する**FIT＆GAP***を行うには、まずパッケージを理解することが必要になります。実際に使ってみることが最も理解を深めるでしょう。現オペレーション (AsIs) に合わせて使ってみることで、現状とのFIT＆GAPを行います。

ここでの検証は、AsIsでできている事項をパッケージが網羅できているかを確認するものではありません。あくまで、ToBeに対するFIT＆GAPを行うものです。ToBeとAsIsとの変化点を念頭におき、ToBeを実現で

---

*FIT＆GAP（フィット＆ギャップ）　パッケージシステムを導入する際、パッケージ機能と利用者側の業務プロセスや要求機能を比較し、その適合度を評価する手法のこと。

きるかという観点で検証しましょう。

◇ GAPへの対策

　洗い出されたGAPに対して、どのように対策するかを要件定義にて検討します。即納性・低価格というパッケージのメリットを打ち出すために、カスタマイズは最小限に抑えるように進めます。そのためには、対象となる機能がコア業務に該当するかどうかにより判断します。

　コア業務とは、利益に直結する根幹となる業務を指します。利益を生む≒顧客価値を生む業務であり、専門性の高い業務になります。FIT率が高いことが望ましいですが、高い専門性ゆえにGAPとなることもあります。この場合は、GAPへの対策はカスタマイズすることが多くあります。

　コア業務の対局は**ノンコア業務**となります。専門性があまりない定型業務などが該当します。ノンコア業務で発生するGAPへの対策は、パッケージに合わせるようにToBeを変更することが多くあります。ノンコア業務に関してToBeを変更しても、目的・目標への影響が少ないからです。

　パッケージ導入においては、そのメリットを最大限活かせるようFIT＆GAPと要件定義を行いましょう。

スクラッチ開発とパッケージ活用でのアプローチの違い

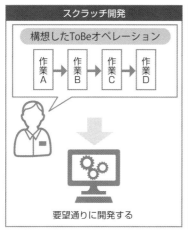

スクラッチ開発

構想したToBeオペレーション

作業A → 作業B → 作業C → 作業D

要望通りに開発する

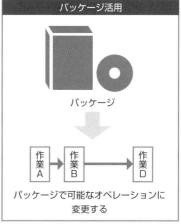

パッケージ活用

パッケージ

作業A → 作業B → 作業D

パッケージで可能なオペレーションに変更する

09 FIT to Standard の考え方

これまでパッケージシステムを活用するには、FIT & GAP を行って足りない機能はカスタマイズするという方法が一般的でした。しかし、迅速なシステムの刷新のために、FIT to Standard という考え方で、パッケージシステムの組み合わせを活用する方法も普及してきました。

◇ FIT & GAP と Fit to Standard の違い

Fit & Gap とは、パッケージシステムに搭載されていない機能をカスタマイズし、自社の業務に合わせてシステムの仕様を変更してギャップを埋めていく導入方法です。

これに対して、Fit to Standard とは、システムの導入において、足りないものを開発して作るのではなく、複数のパッケージシステムを組み合わせて導入する方式です。システムの標準機能を最大限に活用することを前提としているため、原則的にカスタマイズは行いません。

◇ FIT to Standard は業務改革を発想の起点とする

Fit to Standard は経営主導でプロジェクトを推進していくのに対して、Fit & Gap は現場主導で進めるといった点にも違いがあります。

Fit to Standard のアプローチでは、現状の業務に合わせたカスタマイズを行わず、システムに合わない業務があればプロセスの変更を検討していくため、Gap の洗い出しを行う必要はありません。新たなシステムを用いて業務が成立するかどうかといった、これまでとは違う視点で各業務を見直していくことで、スクラップ&ビルドの発想に立ち、業務改革を行うことにもつながります。

◇ FIT to Standard のコストメリット

Fit & Gap では、カスタマイズのボリュームが増えると、設計書の作成や単体テスト、結合テストの実施に多くの時間と労力を投入し、導入までの期間が長くなります。

これに対して、Fit to Standard の手法では、パッケージシステムで提供される標準機能に業務プロセスを合わせていき、アドオン開発は基本的

には行いません。アドオンの開発を行わないため、テスト工程などが削減され導入期間が短縮でき、システムの安定稼働が実現されます。

◇ FIT to Standardの保守性

　パッケージシステムをカスタマイズした後は、ベンダーの標準版の保守体制から離れ個別対応となってしまい、保守費用が高騰したり、システムを支えるアーキテクチャのバージョンアップができなくなることもあります。

　これに対して、Fit to Standardを採用し、パッケージシステムだけで稼働を行う場合は、システムの最新バージョンが常に利用可能となり、ベンダーが提供する最新バージョンのシステムをそのまま使うことも可能となります。最新機能を迅速に取り入れて自社の業務を最新のICT環境に適合させることが可能となります。

FIT&GAP と FIT to Standard の違い

	FIT&GAP	FITtoStandard
業務に対する適合度	要件に充足する機能を定義するため、業務にあったカスタマイズを行う	パッケージシステムに合わせて業務を標準化させるため、業務フローなどの変化を伴う
導入期間	短期〜長期（半年〜数年）※パッケージシステムのFIT率と要件に比例	短期（数か月〜）
要件に対する主な意思決定権の主体	現場オペレーション層	管理系、経営層

FIT&GAP	FIT to standard
パッケージシステム	パッケージシステム

FIT&GAP: カスタマイズ / カスタマイズ / カスタマイズ

FIT to standard: サブシステムA（枝葉のシステム） / サブシステムB（枝葉のシステム） / サブシステムC（枝葉のシステム）

10 物流システムと基幹システムの連携

物流システム導入にあたり、社内のシステム連携で最も重要なものとして基幹システムとの連携があります。基幹システムの中でも、特に販売管理システムや請求システム、顧客管理システムなどとの連携が中心となります。

◇ 物流システムと基幹システムの連携

基幹システムとは、販売、会計、人事、生産など、事業にとって必要な基本機能や情報を管理するシステムを指します。これらの中でも特に物流システムと連携をとるのは販売管理システムや生産管理システム、またそれらの下位にある受注システムや発注システムとなります。

◇ 倉庫管理システム（WMS）と基幹システムの連携

物流システムの中でも、基幹システムとの情報連携が特に重要となるのは、倉庫管理システム（WMS）です。販売管理システムでの受注データを基にして倉庫管理システムでは出荷指示（出荷予定データ）となり、発注データをもとにして入荷指示（入荷予定データ）となるなど、密接な連携を取ります。

また、これらの指示をもとにした現物の入出庫作業を行った結果、WMSで作成する出荷実績データは販売管理システムでは売上情報となり、入荷実績データは仕入情報となります。

◇ マスタ情報の連携

基幹システムからWMSへ連携されるもので必須となるものに「商品マスタ」や「仕入先マスタ」といった各種マスタ情報があります。特に商品マスタは、商品コード、名称などの基礎情報を基幹システムと共有し各種指示データや実績データの同期と履歴管理を行うためにも重要な情報となります。

◇ 在庫情報の連携

　マスタ、予定、実績などの連携と共に、WMSでは在庫管理を行っている中で発生する在庫情報の連携も取ります。

　たとえば、物流センターの中で商品が破損したり、不良品であることが判明した時に、WMSで良品から不良品へと振替えを行い、引当がかけられない状態とした場合は、WMSで作成した振替情報を基幹システム側へ送り、基幹システムでも引き当てが掛からないようにするといった連携も発生します。これは、現物管理を行うWMSの情報を正しい情報として、基幹システム側へ連携する典型的な例です。

　物流システム導入にあたり、関連する外部システムは必ず存在します。管理すべき情報は何か、その情報はどこで発生し、どのように連携するかなど、管理対象や連携手法についてムダやモレのないように進めます。

販売管理システムと WMS の連携例

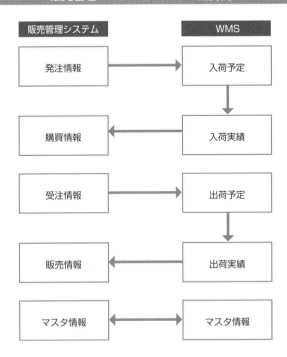

⑪ 計画通りにプロジェクトを 進めるには

中長期プロジェクトでは必ずと言っていいほど問題が発生し、遅延するリスクがあります。問題発生時には、まず全体に与える影響度をはかり、適切に対処することが遅延抑制への第一歩になります。

◇ 中長期プロジェクトは必ず遅延する

ITシステムやマテハン設備の構築は、半年から1年、もしくはそれ以上の中長期の期間を要することが多くあります。プロジェクト期間が長くなればなるほど、問題が発生し、遅延するリスクが高まります。自社及び複数のベンダーでプロジェクトを進めるにあたり、発生する問題への適切な対処が遅延の抑制につながります。

◇ プロジェクト管理ツール

構築プロジェクトの管理ツールとして、よく使われるものは**WBS**と**ガントチャート**があります。

WBS(Work Breakdown Structure)は、プロジェクトタスクと成果物につき、サブ成果物も含め管理できるレベルに分解し構造化したものを指し、作業分解図とも呼ばれます。

ガントチャートはWBSで洗い出した管理項目を作業レベルに落とし込み、各々のスケジュールを記載したものを指します。

これらを基にスケジュール管理することで、最終成果物を作るにはサブ成果物として何を作るのか、各サブ成果物を作るためにいつだれがどのような作業を実施するのか、各作業はどのように関連するのかを把握できます。

◆ 問題発生時は、まず影響度をはかる

　図を例に、プロジェクトでの問題が発生した際に何が起こるか、どのように対処すべきかを考えてみましょう。以下の図は、ITシステム導入におけるユーザーと各ベンダーでの工程の流れについて記載しています。

　「工程①：導入準備」で問題が発生し、1か月の遅延が発生したとします。延びた1か月はユーザー企業のタスクはなく、全体に影響なく「⑤受入テスト」を実施でき、計画通りに稼働することができます。

　「工程③：パッケージカスタマイズ」にて問題が発生し、1か月遅延したとします。ベンダーBでの遅れは、次工程である「工程④：総合テスト」の開始遅れにつながることとなります。さらに「工程⑤：受入テスト」の開始が遅れ、稼働自体が遅延してしまいます。これは、工程③の最後で問題を察知した例になります。もし、工程③の初期に問題を察知し、対処できていれば、計画通りに3か月で終わらせることができたかもしれません。

　問題の発生箇所により、プロジェクト全体への影響度が異なり、対処の仕方も変わります。また、問題の察知が遅れることで影響度が変化してしまいます。

　以下の図は便宜上、大きな工程で記述しましたが、実際にはWBSやガントチャートの活用により、各工程を作業タスクレベルに詳細化し、管理します。全体に与える影響度の判断は、より複雑になります。その中で、プロジェクトを計画通りに進めるには、問題の早期察知と影響度判断が重要です。

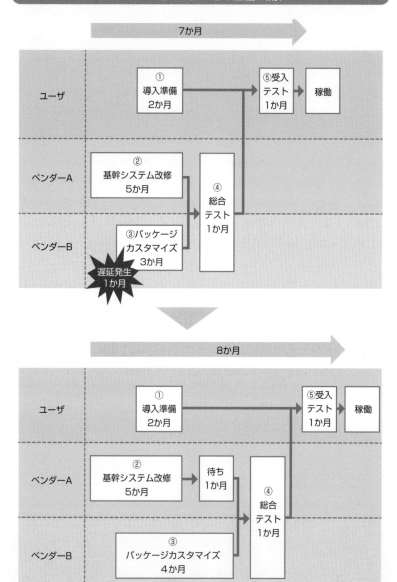

ユーザーとベンダーとの工程の流れ

7か月

ユーザ		①導入準備 2か月	⑤受入テスト 1か月 → 稼働
ベンダーA		②基幹システム改修 5か月	④総合テスト 1か月
ベンダーB		③パッケージカスタマイズ 3か月	

遅延発生 1か月

8か月

ユーザ		①導入準備 2か月	⑤受入テスト 1か月 → 稼働
ベンダーA		②基幹システム改修 5か月 → 待ち 1か月	④総合テスト 1か月
ベンダーB		③パッケージカスタマイズ 4か月	

12 PDCA サイクルの継続

打ち手の導入は終わりではなく、始まりです。目的・目標達成に向けての PDCA サイクルを高速化し、これを繰り返し続けることが、事業の競争優位につながります。

◆ 高速PDCA を繰り返す

　ITシステムやマテハン設備の導入をもって、目的・目標に向けたToBe を策定する計画フェーズ(Plan)と、それに必要な打ち手を構築する実行フェーズ(Do)が完了します。

　この後は、新オペレーションで集積されるデータを活用し、その実行状況の評価(Check)や、評価結果に基づきさらなる改善施策を検討するフェーズ(Action)が行われます。プロセスイノベーション実現に向けては、これらの**PDCA サイクル**[*]を連綿と繰り返すこととなります。

　打ち手の構築にあたっては、目標を実現したか否かの判断のため、管理指標(KPI)とそれを算出するためのデータ定義をしており、新オペレーションの実行状況は可視化されています。このため、KPI(目標値)に対する現状差異をリアルタイムに確認でき、早期対処が可能となります。

　また、目標未達を繰り返す作業の特定も容易であり、ヒト・モノの動きを細かくデータ化できていれば迅速に問題点を抽出できます。これらの結果、PDCA サイクルの高速化が実現します。

　PDCA サイクルの高速化は、日々変化する顧客要望や業界トレンドなどの環境変化に即応できる企業体質の源となり、競争優位の確立に貢献します。

◆ 長期成長のためには人材育成が必要

　あらゆる事業において、モノが存在する限り物流は必要です。どれだけ技術が進歩しても、物流というフィジカルな活動は無くなりません。

　この「物流」活動を維持向上させるべく、PDCA サイクルは続きます。当初に掲げた目的・目標の達成に向け活動を実施しているうちに、新たな

＊**PDCA サイクル**　Plan（計画）、Do（実行）、Check（測定・評価）、Action（対策・改善）の仮説・検証型プロセスを循環させ、マネジメント品質を高める取り組み。

活動が始まります。打ち手の構築においても、当初に導入した打ち手で終わることなく、新たな打ち手を打ち続けていくことになるでしょう。

　この活動を主体的に行う担当部門には、自社事業に必要な独自の物流をつくる知識や情報（ノウハウ）が数多く蓄積されます。これらに加えて、プロジェクトの企画やその実行、多くの関連部門との関係調整など、貴重な機能を有することになります。自社の事業継続にとって欠くことのできない機能であり、この維持継続は重要です。

　また、事業成長と共に、改革活動の範囲や活動ボリュームも拡大していきます。これに対応できる体制構築も必要不可欠であり、プロジェクト活動を通じた人材育成がカギとなります。

　事業の長期的な成長に向けては、DX取り組みの実施のみならず、それを支える人材や組織体制の維持育成が望まれます。

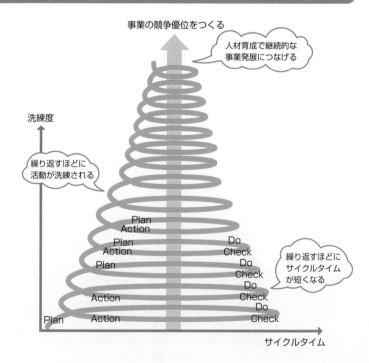

高速PDCAで競争優位をつくる

事業の競争優位をつくる

人材育成で継続的な
事業発展につなげる

洗練度

繰り返すほどに
活動が洗練される

繰り返すほどに
サイクルタイム
が短くなる

Plan
Action

Plan
Action

Plan

Do
Check

Do
Check

Do
Check

Action

Plan　　　Action

Do
Check

サイクルタイム

9 物流DXの今後の広がり

物流ＤＸ成功のカギは、それに取り組む人々の努力いかんによるといっても過言ではありません。チェンジマネジメント成功のポイントと物流ＤＸの拡張性を解説します。

レガシーシステムへの対応

1990年代以前に個別開発で作られたシステムをレガシーシステムと呼びます。これらのシステムは、Coboↄなど古い言語を使っているため、エンジニア人口の枯渇が懸念されており、今後の維持管理に課題があります。

◈ レガシーシステムの刷新は業務目線から

部分的なシステム改修の繰り返しでは、レガシーシステムから脱却することはできません。まずは、現状業務を可視化し、今後のあるべき姿を実現するために必要な機能を抽出する必要があります。また、この機能を構造化することで、現状の制約条件に引っ張られることなく、あるべき業務の姿を軸にしたITシステムを作ることができます。

多くのレガシーシステムは、開発当初の設計通りではなく、後からさまざまなカスタマイズやアドオンがなされています。このため、システムの構造は非常に複雑となっています。現場視点では痒い所に手が届く機能も大事ではありますが、今後のビジネスにとってあるべき業務を実現できるITシステムであるかが重要なポイントとなります。

◈ レガシーシステムの課題

物流DXの取り組みの結果、全面的なシステム刷新となる場合は問題ありませんが、当然、部分的なシステム刷新やツールの導入といった施策を取るケースも多く、結果としてレガシーシステムが残存することになります。

1990年代までは、ITシステムベンダーが、企業の業務要件を聞き取り、そのままアプリケーション開発をしてきました。アプリケーションの開発ノウハウもITシステムベンダーに依存するため、そのベンダーなしでは、自社システムに手を入れることができない状態になりました。

レガシーシステムの代表的な課題を以下に示します。

---

①古い技術と複雑な構造
・システムアーキテクチャや利用技術が古く、新規技術との互換性に難があり、多様なIT技術を活用することができない。

・アプリケーション構造が複雑で、改修時における影響調査に多大
な工数を要する。小規模な改修でも、リリースまでに大幅な工数
と時間を要する。

②ブラックボックス化

・ドキュメントが整理されていないケースが多く、システムの設計
思想やソースコードの理解が困難。

・技術者の高齢化や退職によって、人に紐づくノウハウが喪失され
てしまう。

③保守運用のコストが高い

・既存資産の延命に、多大な維持管理コストがかかる。

　また、2000年代にERPを導入した企業においても、保守期限が2025
年前後にやってくると想定されており、後継システムへの移行が急務となっ
ています。オープン&クラウド化で、ITシステムのメンテナンス性を高め
る取り組みをベースにレガシーシステムからの脱却を進めていく必要があ
ります。

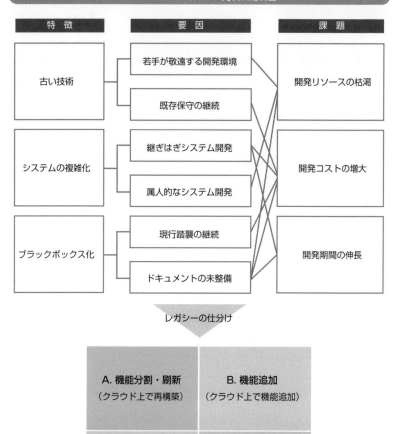

レガシーシステムの特徴と課題

特　徴	要　因	課　題
古い技術	若手が敬遠する開発環境 既存保守の継続	開発リソースの枯渇
システムの複雑化	継ぎはぎシステム開発 属人的なシステム開発	開発コストの増大
ブラックボックス化	現行踏襲の継続 ドキュメントの未整備	開発期間の伸長

レガシーの仕分け

A. 機能分割・刷新 （クラウド上で再構築）	B. 機能追加 （クラウド上で機能追加）
C. 機能縮小・廃棄	D. 現状維持 （塩漬け）

機能毎に上記4象限で評価し今後のシステム整備の方向性を取り決める

出典：経産省ＤＸレポート

物流サービスの付加価値を考える

物流への事前期待はすでに網羅されており、差別化が困難になってきています。顧客の高次元の欲求である自己実現欲求・承認欲求を充足し、顧客に選ばれる企業となる近道は、物流DXの実現であると言っても過言ではありません。

◇ 物流の事前期待

　これからの物流に求められる付加価値には、どのようなものがあるでしょうか。本節では、サービスサイエンス（経営学の一領域）という手法を用いることで、その一端を明らかにしていきます。

　サービスサイエンスとは、サービス業の特徴を研究したものですが、そこに**事前期待値モデル**という考え方があります。

　サービスビジネスの特徴は、「目に見えないこと」と「サービス提供と消費が同時に発生する」ことであり、大きく以下の3種類に分解できるとされています。

> ①コアサービス：それが提供されないと成り立たない、基本的なサービス
> ②付帯サービス：コアサービスに付随する、副次的なサービス
> ③臨機応変サービス：イレギュラー時などに受けるサービス

　顧客はサービスを選択する際、上記の3つの観点ごとに、事前に期待値を持って依頼しています。提供されたサービスが期待値を上回っていれば「満足」し、下回っていれば、当然「不満」を持ちます。この事前期待値を、物流に当てはめると、たとえば以下のようになるでしょう。

①コアサービスへの事前期待例

　モノが安全に保管され、正しく入出荷される。

②付帯サービスへの事前期待例

　短いリードタイム、安い価格で対応してくれる。

③臨機応変サービスへの事前期待例

　予定に無い入出荷や返品にも対応してくれる。

　こうしてみると、世界一の品質ともいわれる日本の物流サービスは、顧客の事前期待値を、非常に高いレベルで達成していると考えられます。このため、従来の物流機能だけでは、差別化が困難となり、価格競争に陥らざるを得ないのが昨今の状況と捉えることもできます。

◇ 物流業の付加価値

　それでは、顧客に選ばれる企業となるためには、どのような機能を保有するとよいでしょうか。ピラミッドで顧客の欲求を考えてみると、生理的欲求から社会的欲求までは、概ね既存の物流サービスでカバーされていると考えられます。より高次元である、承認欲求や自己実現欲求を、どのように充足するかが、勝敗の分かれ目と見ることができます。

　たとえば、承認欲求を充足するためには、顧客や同業から一目置かれるリードタイムを実現することが考えられます。物流事業者は、それに向けて、高速出荷可能な物流オペレーションを構築することとなるでしょう。

　また、最も高次元である自己実現欲求を充足するためには、顧客の想定を大きく超えることが必要となり、たとえば、非常に細かく、かつ有用な物流データをタイムリーに提供する、といったことなどが考えられます。

　いずれにしても、物流DXの実現が、顧客の高次元の欲求を充足し、顧客に選ばれる企業となる近道であると言えるでしょう。

マズローの5段階欲求と対応する物流サービス例

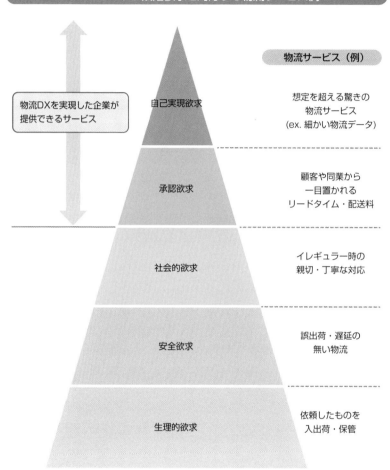

物流DXを実現した企業が提供できるサービス

物流サービス（例）

自己実現欲求 — 想定を超える驚きの
物流サービス
（ex. 細かい物流データ）

承認欲求 — 顧客や同業から
一目置かれる
リードタイム・配送料

社会的欲求 — イレギュラー時の
親切・丁寧な対応

安全欲求 — 誤出荷・遅延の
無い物流

生理的欲求 — 依頼したものを
入出荷・保管

03 B2B デジタルマーケティング で顧客を取り込む

昨今、B2B ビジネスにおいて、デジタルマーケティングを活用したい企業が増えてきています。B2B のデジタルマーケティングの肝は、顧客と自社とのタッチポイントの可視化と顧客マインドの把握です。

◇ デジタルマーケティングで顧客をつかみたい

　近年、**デジタルマーケティング**を活用する企業が増えている一方で、何から始めればよいかわからない、マーケティングオートメーション(MA)ツールの効果が薄いので改善したい、といった相談を受けるようになりました。

　デジタルマーケティングを一言で表現すると、「デジタルデータを基に顧客を分類(セグメント化)し、購買プロセスに合わせ、デジタル技術を活用した適切なアプローチを行い、売上やLTV(Life Time Value)を向上させること」と言えます。

　元々は、B2C市場において、顧客の購買行動をcookieなどを使って収集し、顧客ごとの興味・関心を分析した上、適切な広告を提供するところから始まりました。この手法が、B2Bの業界でも活用可能と考えられ、近年注目を集めています。

◇ カスタマージャーニーマップを描き施策のPoCで精査

　皆さんは、さまざまなベンダーから配信されるメルマガを読まれるでしょうか？　情報過多な現代において、このような広告をベースとした情報提供は決して効果的とは言えません。B2Bの顧客接点は、デジタルの世界のみならず、営業・コールセンター・保守など多様です。これらの顧客接点と、デジタルでのメッセージを統合して、顧客の購買心理を管理する必要があります。

　デジタルマーケティング施策を実行する前に、是非お勧めしたいのが、部門の垣根を超えたカスタマージャーニーマップ*を描くワークショップの開催です。

　以下のような定量情報・定性情報を集め、顧客の期待値がどこにあるかを探ります。

> **①定量情報**
> 　EC サイトにおける、顧客行動やセグメント別の販売・顧客満足度など
>
> **②定性情報**
> 　既存の主要顧客への「なぜ当社を選んでいるか」「他社との違いは何か」といったインタビューや、ターゲット顧客層への Web アンケートなど

　ペルソナは、ターゲット顧客や、現在の主要顧客など、さまざまなタイプを設定するとよいでしょう。また、受注パターンだけでなく、失注のパターンについても作成すると、自社の勝ち筋についての議論ができます。

　購買プロセスごとに、顧客と自社の接点をプロットし、購買活動がどのように変化したかを議論し、マインドチャートで整理します。この資料からデジタルを活用してどのようにマーケティングしたらよいか、ただ数字を見ているだけでは、わからないことに気が付きます。

　物流企業は、単純にアセット情報を開示するだけのホームページで留まっていることが多いようですが、荷主企業は、デジタルで各社を比較検討し、情報収集しています。

　営業が商談を始める際、ことを有利に進めるために、まずは、積極的にデジタルで情報発信し、顧客の関心の高いトピックが何であるかを把握しておきます。この情報を基に、営業パーソンが商談時、トピックにリンクした事例を紹介する、といった流れで進めるのが有効です。

＊**カスタマージャーニーマップ**　顧客の購買行動において、購入の検討から購買（利用）段階までに接触しうるさまざまなタッチポイントを、包括的に捉えるものをカスタマージャーニーと呼び、これをチャートで可視化したものがカスタマージャーニーマップである。

カスタマージャーニーマップ例（EC事業者に仕分け設備を導入したメーカーの視点）

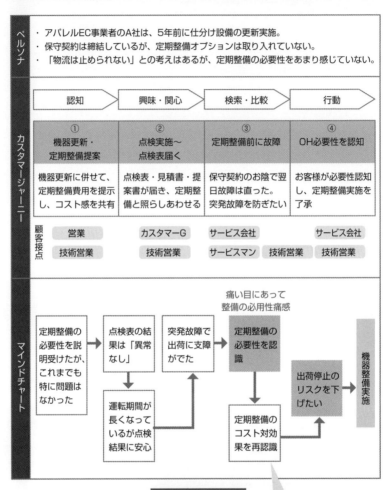

ペルソナ
- アパレルEC事業者のA社は、5年前に仕分け設備の更新実施。
- 保守契約は締結しているが、定期整備オプションは取り入れていない。
- 「物流は止められない」との考えはあるが、定期整備の必要性をあまり感じていない。

カスタマージャーニー

認知	興味・関心	検索・比較	行動
① 機器更新・定期整備提案	② 点検実施〜点検表届く	③ 定期整備前に故障	④ OH必要性を認知
機器更新に併せて、定期整備費用を提示し、コスト感を共有	点検表・見積書・提案書が届き、定期整備と照らしあわせる	保守契約のお陰で翌日故障は直った。突発故障を防ぎたい	お客様が必要性認知し、定期整備実施を了承

顧客接点

営業	カスタマーG	サービス会社	サービス会社
技術営業	技術営業	サービスマン　技術営業	技術営業

マインドチャート

痛い目にあって
整備の必用性痛感

定期整備の必要性を説明受けたが、これまでも特に問題はなかった → 点検表の結果は「異常なし」 → 運転期間が長くなっているが点検結果に安心 → 突発故障で出荷に支障がでた → 定期整備の必要性を認識 → 定期整備のコスト対効果を再認識 → 出荷停止のリスクを下げたい → 機器整備実施

プロモーション施策案
出荷が止まるビジネスインパクトと定期整備コストを比較する記事をHPやセミナーなどで発信

顧客視点を理解することで、ビジネスプロセス上の問題点の特定や顧客満足につながる行動についての気づきを得るのに有効である

234

04 CRM と SCM の連動

CRM と SCM は、パッケージシステムという意味では、機能の重複は見られません。しかし、企業のマネジメントとしては、大いに連携すべきです。マネジメント側から見る CRM と SCM の連動は今後の重要な課題と言えます。

◇ CRM で商談管理はできていますか

B2B ビジネスにおいて商談管理は必須です。B2C とは違い、さまざまなプロセスにおける全社的な取り組みの中でビジネスが成立しているからです。故に、商談管理は営業だけに必要なものではありません。

商談管理は大きく 2 つの領域に分類できます。

● 顧客情報管理

ここでの顧客情報は口座という意味ではなく、顧客の担当者レベルまで情報が一意になっているということです。デジタルマーケティングにおける最初のハードルはここになります。営業部門でさえ、会社や担当者を一意に名寄せできていないため、大変非効率なコンタクトを実施しているケースも多くあります。ましてやコールセンター・保守サービスなどの営業以外の部門や、販売代理店のユーザーなどは、ほぼ名寄せができていません。

● 営業活動・パイプライン管理

B2B の営業が、どこの顧客にどんな商談をしているのか。それはどのくらいの確度で、受注できそうなのか——営業会議では、多くの時間がこれに費やされています。しかしながら、これらの営業情報を全社共通で管理できている企業は少ないのが実態です。

CRM ツールに統合された SFA (Sales Force Automation) も営業の労務管理ツールになっていては、商談の精度は上がりません。管理のための SFA に営業は正しい情報を入力してくれません。

CRM は顧客と自社をつなぐ重要な IT システムですが、現在のところ営業部門の管理ツールになっているのが実態のようです。マネジメント観点

でシステムの再考が必要と思われます。

◇ パイプライン管理とSCMを連動させる

　原材料調達から製造・物流に至る需給コントロールの観点では、モノ（原材料・製品）が過不足なく後工程の需要に同期することが、ムリ・ムダ・ムラのない製品供給を実現するカギであり、これがSCMの目指すゴールとなります。この実現にあたって重要なのは、何を（製品）・どのくらい（量）・いつまでに（納期）という需要情報を正確に捉えることであり、その情報源は営業サイドに依存します。営業と製造間における需要情報の密な連携が重要ということになります。

　しかしながら、営業が持つ需要情報は売上計画という「売れるという見立て」に立脚したものであり、需要の予測と希望的観測（KKD）を足し合わせたものとなります。情報の精度面では、商談当初は低く、商談の最終局面では高くなります。ゆえに、ITシステム面（CRM⇔SCM）でのデータ連携もさることながら、商談の各段階での部門間コミュケーションを密にし、データには表れない周辺情報も含めた情報のアップデートを行うことが、過不足ない製品供給の実現につながります。

商談パイプライン管理とサプライチェーン管理の連動

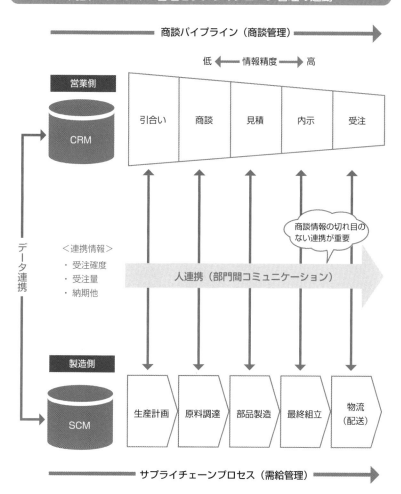

商談プロセスの各段階において、営業・製造間における情報連携（データ面・部門間コミュニケーション面）がなされることが、製品の作り過ぎや品不足・納期遅れの撲滅につながります！

05

EC 事業における戦略的アウトソーシングの活用

EC 事業において、物流はマーケティングやプロモーションと並ぶ重要な機能です。EC ビジネスの特徴の一つである急成長に、物流が追い付けないため顧客満足度が下がることがあります。この解消に向け、アウトソーサーの力を活用するのも有効な手段の一つとなっています。

◇ ノンコア業務をプロに任せるのがBPO

すべての領域で自社の強みを発揮することは簡単ではありません。戦略とは強みと弱みを明確化して、リソースを最適配分することです。アウトソーシングは、外注化ともいわれ、コストダウンの手法として活用されてきました。しかし、アウトソーシングのメリットは、コストダウンだけではありません。自社の貴重な資源(ヒト・モノ・カネ)を、コア業務に集中させることこそ、本質的価値であると考えます。

たとえば、EC 事業者にとって、魅力的なサイト作りや商品開発が物流に先行します。しかしながら、モノが届けられなければビジネスは成立しないので、物流も行う必要があります。急拡大した EC 事業者において、モノが届かないというクレームが発生しやすいのも、リソースの側面が大きいのではないでしょうか。

そこで検討したいのが、BPO(ビジネスプロセスアウトソーシング)ベンダーの活用です。自社にとってのノンコア業務も、BPOベンダーにとってはコアとなります。コールセンター業務などは古くから、BPOが専門性を活かす領域として発展してきました。その取り組みは、物流業務+αの領域まで拡大してきています。BPOベンダーは、プロの知見を活かし、業務改善を進めてくれることも魅力でしょう。ノンコア業務をプロに任せることは、有限なリソースを最適に配分する上で重要な観点です。

◇ 物流を一気通貫でアウトソーシングするフルフィルメント

　近年、**フルフィルメントサービス**を提供するベンダーが増えています。フルフィルメントとは、受注、梱包、出荷、代金回収、顧客のアフターサポート等のバックヤード業務の一連のプロセスのことを指します。

　EC 業界においては、「市場の急激な拡大に対し、いかに物流を追従させるのか？」という課題がありました。事業が軌道に乗って注文が増えれば増えるほど、フルフィルメントにかかわる受注処理や梱包・出荷などの業務負担が重くなるため、効率的な処理方法を考えなければなりません。せっかく注文したのに欠品していたなどのトラブルがあれば、顧客からの信頼が低下してしまいます。

　フルフィルメントに委託するということは、一般的な物流委託の垣根を越えて、自社業務をプロに委託するということになります。その道のプロに任せる範囲が広がっており、EC 事業のスケールアップを加速できる環境になってきました。

◇ モノだけではないつながりをプロに任せる

　フルフィルメントサービスにおいては、顧客のアフターサポートなどの電話対応も任されるようになっています。

　これらの顧客接点は重要ですが、事業が急拡大しやすいEC ビジネスでは、自社リソースでこれに対応するのが難しいケースもあります。このような電話業務などは、先述した通りBPO が活用されてきました。コールセンターの電話対応スキルなどは、BPO にとっては業務品質に関わる重要なコアスキルのため、体系的なトレーニングを実施しています。スピードが重要なEC 事業においては、このようなプロを活用する視点がより重要になってくるでしょう。

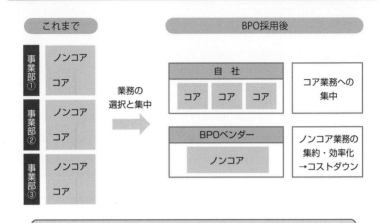

選択と集中（戦略）を支えるBPO

これまで

事業部①	ノンコア
	コア

事業部②	ノンコア
	コア

事業部③	ノンコア
	コア

業務の
選択と集中

BPO採用後

自　社
コア	コア	コア

コア業務への
集中

BPOベンダー
ノンコア

ノンコア業務の
集約・効率化
→コストダウン

限りある経営資源を自社の強みに最適配分するアプローチ

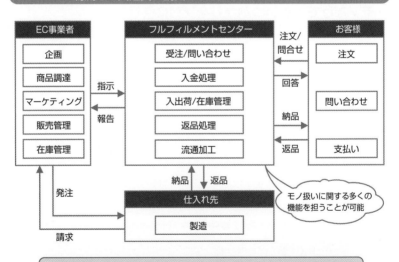

物流を一気通貫で請負うフルフィルメントサービス

EC事業者
- 企画
- 商品調達
- マーケティング
- 販売管理
- 在庫管理

指示 / 報告

フルフィルメントセンター
- 受注/問い合わせ
- 入金処理
- 入出荷/在庫管理
- 返品処理
- 流通加工

注文/問合せ / 回答 / 納品 / 返品

お客様
- 注文
- 問い合わせ
- 支払い

発注 / 請求

納品 / 返品

仕入れ先
- 製造

モノ扱いに関する多くの
機能を担うことが可能

EC事業者のコア業務である商品企画・マーケティングに経営資源を集中できる！

06 DX リーダーをどう育成するか

DX を推進することを考えたとき、誰の顔が思い浮かぶでしょうか。DX は日常業務ではありません。非日常の中で、適切な人を選び、育てることが必要です。また、事業の本質を考える経験も、次世代の人材を育成する場としても DX 取り組みに注目が集まっています。

◇ 実行のリーダーがテクノロジー担当である必要はない

経営者が物流 DX を主導するとしても、調査や分析はプロジェクトメンバーが実施します。そのプロジェクトメンバーを率いるリーダーを誰にするのかは、悩ましいところではないでしょうか。

物流 DX は、これまで本書で繰り返し述べてきたように、経営・業務改革です。ここを単なるテクノロジー導入と考えてしまうと、リーダーの人選が大きく変わってきます。

リーダーがテクノロジーに対して深い知識を持っている必要は必ずしもありません。それよりも、ビジネスに対する深い知見と経営・事業を見据え、今後、何が重要で何を変えなければならないのかという柔軟な発想ができる人材が望ましいと言えます。

テクノロジーそのものはあくまでツールなので、詳しい担当者をサブリーダーというポジションで任せることもよいでしょうし、外部の知見者に頼ることでも補完はできます。

◇ 抵抗勢力は必ず存在する

人は基本的に変化を嫌います。頭では変化が必要だとわかっていても、実際にはなかなか行動を変えることはできません。次の図にあるように、抵抗の仕方は本当にさまざまです。目に見える抵抗は、対処がしやすいですが、目に見えない抵抗の芽をしっかり把握して適切に対処できるような人材である必要があります。

目に見えない抵抗を、単純に叱責で変えようとする人は、プロジェクト推進には向いていないかもしれません。最終的には、抵抗勢力を上手く巻き込んでいくことが重要であり、それぞれのパターンに応じた対処が必要となります。

①**無言の抵抗**

　1対1の場面で、モヤモヤしていることはないか聞く。

②**屁理屈からの批判**

　理屈では対抗できないのを知っているので、自分事ではなく、他人事として一歩引いた観点から考えて提案をもらうようにする。

③**話すら聞かない**

　人間関係に亀裂が入っている場合は代役を立てて意見を聞いてもらう。

◇リーダーの失敗を組織の経験知として評価できる会社か

　これまでの日本企業では、自社流の仕事のやり方に部下を当てはめるのが上手い人が、管理職になる傾向にありました。このようなスキルは、新たな挑戦が多い物流DXには、足枷になってしまう場合があります。どうしても、これまでの慣習や評価軸に引っ張られやすいからです。

　新しいチャレンジには失敗は付き物ですし、イノベーションは失敗の上に成り立ちます。その失敗を個人に還元するのではなく、組織の経験知として評価できる会社であることが重要です。

　雑談で経営者に「失敗を評価する仕組みがありますか?」と聞くことがあります。失敗が個人のマイナス評価にしかならないのであれば、無難で批判の少ない施策に終始し、大きな成果につながるプロセスイノベーションは期待できないでしょう。

抵抗勢力のパターン

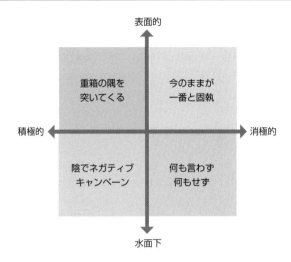

抵抗パターンを見極め、適切な対処で上手く巻き込んでゆくリーダが理想！

DX リーダー像

DXリーダのスキルセット

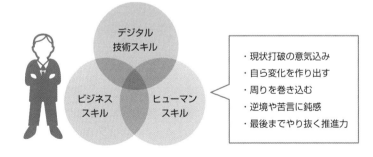

・現状打破の意気込み

・自ら変化を作り出す

・周りを巻き込む

・逆境や苦言に鈍感

・最後までやり抜く推進力

この様なリーダの失敗を評価する組織がプロセスイノベーションを生み出す！

DXの成否は経営者のコミットにかかっている

本書では繰り返し、DXは従来のITシステム整備ではないことを伝えてきました。DXの成否の最も重要なカギは経営者自身であることを、あらためて問いたいと思います。デジタル技術はよくわからないから丸投げでは、プロセスイノベーションは実現できません。

◇ DXは経営センスに依存する

ITシステムの歴史は、テクノロジーが先行し、それをビジネスに活用していくことから始まりました。これならITシステムの専門家に任せることが善であったかもしれません。

しかし、経営・業務改革をデジタルという手段で実践するDXは、経営マターの改革といえます。また、失敗できる組織風土は、人事評価とも直結します。DXの成否は経営のセンスに依存します。

経営者も全知全能ではありませんから、社内のさまざまな意見によく耳を傾ける必要がありますし、第三者の意見などを取り入れることも必要でしょう。

◇ DXに必要なのはプロジェクトマネジメントだけではなくチェンジマネジメント

変革プロジェクトを遂行するために、プロジェクト管理が必要なことは広く認識されています。しかしながら、変革を推進するための**チェンジマネジメント***が重要であることはあまり認識されていません。

プロジェクトマネジメント*とは、個々の品質・コスト・納期を順守するための、技術面に焦点に当てていて、一種のテクニックに類するものです。

一方、チェンジマネジメントは経営・業務変革に伴って必要となる、「個人の意識づけ」「行動様式の変更」「組織カルチャー」など、人の面に焦点が当たります。人の面にアプローチするチェンジマネジメントのやり方は、

***チェンジマネジメント** 組織活動の変革取り組みを、効率よく成功に導く計画、管理のこと。
***プロジェクトマネジメント** 設定した目的、目標の実現に向け期間限定で設けられた組織活動（プロジェクト）を計画、管理すること。

たまたまそれができる人と一緒に仕事をしたことがあるというキャリアの偶然性によって伝承されてきた感があります。

　チェンジマネジメントは、経営者が明確なコミットをしなければ推進することはできません。DX プロジェクトが、「提案はよいが実行になった段階でつぶされてしまう」「定着しない」というのも、チェンジマネジメントという観点をおろそかにしてきた面も否定できません。

◇ IT システムのコストは経営の意思が重要

　経営者・業務部門・情報システム部門の、IT システムに対する役割分担を考えてみます。

　まず、業務部門は、作業効率の向上に着目します。この思考は、部分としては効率化をもたらしますが、IT システム複雑化の要因は、業務部門の意見を聞きすぎることによる側面があります。

　一方、情報システム部門にとっては、システムは動いて当たり前という評価のため、常に完璧を求められます。このため、どうしてもリスクを織り込んだコスト試算となります。IT システムへの投資が絞られる中で完璧を目指すと、どうしても保守的にならざるを得ません。

　これら部門のコスト増への誘惑を調整できるのは経営者だけです。部門を分けるのは、機能分化で、日々の業務を効率化することが狙いです。しかし、部門に分ければ、全社最適の観点で判断することは困難になります。

　そのために経営者には、IT システムにかかるコストを見極める力量が必要となります。全社最適の観点で意思決定できるのは経営者に他なりません。今後のビジネスにおいて何が重要なのかを、明確に意思表明することが、DX プロジェクトにおける判断の大きな指針となります。

プロジェクトマネジメント×チェンジマネジメント＝DXの成功

DXプロジェクト成功のカギ

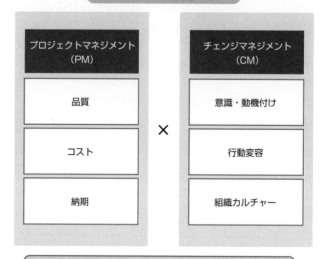

プロジェクトマネジメント (PM)		チェンジマネジメント (CM)
品質		意識・動機付け
コスト	×	行動変容
納期		組織カルチャー

PMとCMの両観点からDXプロジェクトを捉える必要がある

全社最適の実現には経営の意思入れが重要

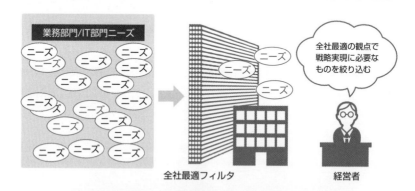

業務部門/IT部門ニーズ

ニーズ

全社最適の観点で戦略実現に必要なものを絞り込む

全社最適フィルタ

経営者

膨らむニーズ・要件は経営視点からの峻別が必要不可欠

索引

●Memo

●著者紹介

大川口　隼人（おおかわぐち　はやと）

株式会社ストラソルアーキテクト　ディレクター

大手製造業にて、経営企画や運輸・3PL・卸企業向け物流ソリューション営業、SCMコンサルティングを担当。その後、国内大手コンサルティング会社への出向等を経て現職。物流センター改革やWMS導入に関わるプロジェクトを数多く経験。

吉田　幹朗（よしだ　みきお）

株式会社ストラソルアーキテクト　ディレクター

大手製造業にて、システムエンジニアとして製造・物流に関する管理システムの企画〜構築プロジェクトを数多く実施。業務とIT、両側面からのアプローチにより、円滑なプロジェクト運営を実践する。

秋川　健次郎（あきかわ　けんじろう）

株式会社ストラソルアーキテクト　代表取締役社長

大手マテハン・システム・メーカーにて、物流システムエンジニアとして数多くの物流センター構築プロジェクトに従事。その後大手Sierの製造・物流コンサルティング部門・コンサルティングファームにて、製造業・流通業を中心としてSCM・物流戦略立案・業務プロセス改革およびIT導入（物流計画系・物流実行系）に関する数多くのプロジェクトを推進。

●コラム執筆

小野　翔也（おの　しょうや）

株式会社ストラソルアーキテクト　コンサルタント

大手国際物流企業にて3PLサービスの提案営業として、多くの新規荷主を獲得。荷主企業と共に、保管スペース効率化や倉庫内の省人化等の業務改革プロジェクトを実施。多国籍のグローバル企業を含めた、様々な物流現場への知見を活かし、プロジェクトをリードする。

改革・改善のための戦略デザイン

物流DX

| 発行日 2023年 10月 5日 | 第1版第1刷 |

著　者　大川口 隼人／吉田 幹朗／
　　　　秋川 健次郎

発行者　斉藤 和邦
発行所　株式会社 秀和システム
　　　　〒135-0016
　　　　東京都江東区東陽2-4-2　新宮ビル2F
　　　　Tel 03-6264-3105（販売）Fax 03-6264-3094
印刷所　三松堂印刷株式会社　　　　Printed in Japan
ISBN978-4-7980-6732-2 C0034